혁신 방법론

Be the Solver
과제 선정법

혁신 방법론

Be the Solver

과제 선정법

송인식 지음

이담
Books

'문제 해결 방법론(PSM)'[1]의 재발견!

오랜 기간 기업의 경영 혁신을 지배해 온 「6시그마」의 핵심은 무엇일까? 필자의 과제 수행 경험과 강의, 멘토링, 바이블 시리즈 집필 등 20년 넘게 연구를 지속해오면서 6시그마를 지배하는 가장 중요한 요소가 무엇인지 깨닫게 되었다. 그것은 바로 **'문제 처리(Problem Handling)', '문제 해결(Problem Solving)', '문제 회피(Problem Avoiding)'**이다. 이에 그동안 유지해온 타이틀 『6시그마 바이블』 시리즈와 『Quality Bible』 Series를 이들 세 영역에 초점을 맞춘 『**Be the Solver**』 시리즈로 통합하고, 관련 내용들의 체계를 재정립한 뒤 개정판을 내놓게 되었다.

기업에서 도입한 경영 혁신의 핵심은 대부분 '문제 처리/문제 해결/문제 회피(이하 '3대 문제 유형')'을 위해 사전 활동으로 '과제 선정'이 요구되고, '3대 문제 유형'을 통해 사후 활동인 '성과 평가'가 이루어진다. 또 '3대 문제 유형'을 책임지고 담당할 '리더'가 정해지고, 그들의 '3대 문제 유형' 능력을 키우기 위해 체계적인 '전문 학습'이 기업으로부터 제공된다. 이들을 하나로 엮으면 다음의 개요도가 완성된다.[2]

---

1) Problem Solving Methodology.
2) 송인식(2016), 『The Solver』, 이담북스, p.38 편집.

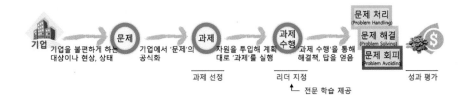

상기 개요도에서 화살표로 연결된 내용들은 '용어 정의'를, 아래 밑줄 친 내용들은 '활동(Activity)'을 각각 나타낸다. 기업에는 모든 형태의 문제(공식화될 경우 '과제')들이 존재하고 이들을 해결하기 위해 세계적인 석학들이 다양한 방법론들을 제시했는데, 이같이 문제들을 해결하기 위한 접근법을 통틀어 **'문제 해결 방법론(PSM, Problem Solving Methodology)'**이라고 한다.

필자의 연구에 따르면 앞서 피력한 대로 문제들 유형은 '문제 처리 영역', '문제 해결 영역', 그리고 '문제 회피 영역'으로 나뉜다. '문제 처리 영역'은 '사소한 다수(Trivial Many)'의 문제들이, '문제 해결 영역'은 고질적이고 만성적인 문제들이, 또 '문제 회피 영역'은 연구 개발처럼 '콘셉트 설계(Concept Design)'가 필요한 문제 유형들이 포함된다. '문제 회피(Problem Avoiding)'의 의미는 설계 제품이 아직 고객에게 전달되지 않은 상태에서 "향후 예상되는 문제들을 미리 회피시키기 위해 설계 노력을 강구함"이 담긴 엔지니어 용어이다. 이들 '3대 문제 유형'들과 시리즈에 포함돼 있는 '문제 해결 방법론'을 연결시켜 정리하면 다음과 같다.

[총서]: 문제 해결 역량을 높이기 위한 이론과 전체 시리즈 활용법 소개.
- The Solver → 시리즈 전체를 아우르며 문제 해결 전문가가 되기 위한 가이드라인 제시.

[문제 처리 영역]: '사소한 다수(Trivial Many)'의 문제들이 속함.

- 빠른 해결 방법론 → 전문가 간 협의를 통해 해결할 수 있는 문제에 적합. '실험 계획(DOE, Design of Experiment)'을 위주로 진행되는 과제도 본 방법론에 포함됨(로드맵: 21 − 세부 로드맵).
- 원가 절감 방법론 → 원가 절감형 개발 과제에 적합. 'VE(Value Engineering, 가치공학)'를 로드맵화한 방법론(로드맵: 12 − 세부 로드맵).
- 단순 분석 방법론 → 분석량이 한두 건으로 적고 과제 전체를 5장 정도로 마무리할 수 있는 문제 해결에 적합.
- 즉 실천(개선) 방법론 → 분석 없이 바로 처리되며, 1장으로 완료가 가능한 문제 해결에 적합.
- 실험 계획(DOE) → '요인 설계'와 '강건 설계(다구치 방법)'로 구성됨(로드맵: '빠른 해결 방법론'의 W Phase에서 'P − D − C − A Cycle'로 전개).

[문제 해결 영역]: 고질적이고 만성적인 문제들이 속함.

- 프로세스 개선 방법론 → 분석적 심도가 깊은 문제 해결에 적합(로드맵: 40 − 세부 로드맵).
- 통계적 품질 관리(SQC) → 생산 중 문제 해결 방법론. '통계적 품질 관리'의 핵심 도구인 '관리도'와 '프로세스 능력'을 중심으로 전개.
- 영업 수주 방법론 → 영업 수주 활동에 적합. 영업·마케팅 부문(로드맵: 12 − 세부 로드맵).
- 시리즈에 포함되지 않은 동일 영역의 기존 방법론들 → TPM, TQC, SQC, CEDAC, RCA(Root Cause Analysis) 등.[3]

---

3) TPM(Total Productive Maintenance), TQC(Total Quality Control), SQC(Statistical Quality Control), CEDAC(Cause and Effect Diagram with Additional Cards).

[문제 회피 영역]: '콘셉트 설계(Concept Design)'가 포함된 문제들이 속함.

- 제품 설계 방법론 → 제품의 설계·개발에 적합. 연구 개발(R&D) 부문 (로드맵: 50 - 세부 로드맵).
- 프로세스 설계 방법론 → 프로세스 설계·개발에 적합. 금융/서비스 부문 (로드맵: 50 - 세부 로드맵).
- FMEA → 설계의 잠재 문제를 적출해 해결하는 데 쓰임. Design FMEA 와 Process FMEA로 구성됨. 'DFQ(Design for Quality) Process'로 전개.
- 신뢰성(Reliability) 분석 → 제품의 미래 품질을 확보하기 위해 수명을 확률적으로 분석·해석하는 데 적합.
- 시리즈에 포함되지 않은 동일 영역의 기존 방법론들 → TRIZ, NPI 등.[4]

다음은 『**Be the Solver**』 시리즈 전체와 개별 주제들의 서명을 나타낸다.

분류	『Be the Solver』 시리즈
총서	The Solver
문제 해결 방법론 (PSM)	[문제 처리 영역] 빠른 해결 방법론, 원가 절감 방법론, 단순 분석 방법론, 즉 실천(개선) 방법론 [문제 해결 영역] 프로세스 개선 방법론, 영업 수주 방법론 [문제 회피 영역] 제품 설계 방법론, 프로세스 설계 방법론
데이터 분석 방법론	확증적 자료 분석(CDA), 탐색적 자료 분석(EDA), R분석(빅 데이터 분석), 정성적 자료 분석(QDA)
혁신 방법론	혁신 운영법, **과제 선정법**, 과제 성과 평가법, 문제 해결 역량 향상법
품질 향상 방법론	[문제 처리 영역] 실험 계획(DOE) [문제 해결 영역] 통계적 품질 관리(SQC)-관리도/프로세스 능력 중심 [문제 회피 영역] FMEA, 신뢰성 분석

---

4) TRIZ(Teoriya Resheniya Izobretatelskikh Zadach), DFQ Process(Design for Quality) Process, NPI(New Product Introduction).

'과제 선정(Project Selection)' 꼭 기업 경영 혁신을 해서라기보다 모든 기업에서 해야 할 일들 중 '일상 업무'를 제외하면 그다음 남는 업무가 바로 '과제(Project) 수행'이다. 기업은 시장에서 살아남아 성장하는 것이 곧 존재 이유이고 그를 위해 새로운 것을 계속 만들어내거나 또는 유지하기 위한 방안을 끊임없이 강구해야 하므로 중요도 측면에선 '일상 업무'보다 오히려 '과제'가 더 강조돼야 한다. '과제'를 통해 기존과 다른 새로움을 추구할 수 있고, 그 결과로부터 맛난 과실도 따 먹을 수 있다. '과제'가 없다면 '일상 업무'만 남을 것이며, 이것만 가지고는 경쟁사의 발 빠른 변화에 대응은커녕 시간이 갈수록 현상 유지하는 데도 벅차할 것이다. 제품이든 서비스든 기존과 다르면서 경쟁사를 물리치고 시장에서 살아남아 성장을 지속하기 위한 가장 일반적 접근이 '과제 수행'이라는 데 이견을 달 사람은 없을 듯하다.

그런데 '과제'는 꼭 제품(또는 상품)을 다루는 개발이나 연구 또는 마케팅 부서 등에서만 필요한 것일까? 적어도 기업 경영 혁신을 한 번이라도 경험했거나 옆에서 풍문이라도 들었던 사람이면 "그게 아닌데요" 하고 바로 답변할 것이다. 왜냐하면 지금껏 보아왔던 것처럼 '과제'는 연구개발이나 시장의 첨병인 마케팅 부서 등에서만 수행해온 것이 아니라 영업, 기획, 재무, 총무, 생산 등 모든 조직에서 행해왔음을 익히 알고 있기 때문이다. 제품(또는 상품)뿐만 아니라 특정 프로세스의 업무 처리 시간을 단축하거나 효율을 높이는 일, 만족도를 높이는 일들 역시 기존과 다른 새로움을 추구하는 활동이며 회사 입장에선 이런 접근도 상품을 만들어 수익을 올리는 일만큼 중요하고 또 필요하다. 이들이 잘 돌아가야 제품이나 서비스를 판매해 수익을 올리기가 훨씬 유리하다는 것도 잘 알고 있다. 즉 '과제'란 기업에 변화를 주고, 새로움을 창조하며, 시장에서 살아남게 할 모든 기능 부서에서 수행하는 가장 최소의 '단위 활동'임을 명심해야 한다.

그런데 문제가 생겼다. 문제라기보다 '고민'이 생겼다고 하는 세 너 적절한 표현 같다. 즉 "과제를 어떻게 선정하지?" 하는 '고민'이 그것이다. 사실 이 물음에 대해 과거 20여 년 넘게 수많은 방법론과 아이디어가 넘쳐났음을 부인할 수 없다. 이젠 '과제 선정 방법론'이라고 하면 첫 장만 들여다봐도 "아! 이거 어디서 본 건데!" 하고 아는 체를 해야 한다. 첫 장 이후의 내용이 어찌 되었건 기존 것들의 재탕이나 짜 맞추기란 느낌을 떨쳐버릴 수가 없다. 너무 많이 봐왔던 까닭에 더 이상 새로운 것이 있을 리 만무할 뿐더러 정말로 어디선가 본 듯한 기억이 나기 때문이다. '과제 선정 방법론'이 수없이 많았던 것도 사실이지만 또 그만큼 두루두루 섭렵해온 까닭이다. 그런데 이건 또 웬 딜레마란 말인가? 아직도 일부 기업에선 "가장 좋은 과제 선정 방법론 어디 없나요?" 하고 물어온다. 왜 그럴까? 굳이 답을 찾자면 바로 과제를 선정해놓은 이후의 찜찜함, 즉 "완성도가 기대에 못 미치기 때문"이다.

'완성도'의 의미 속엔 처한 상황에 따라 여러 내용들이 함축돼 있다. 전략과 연계해 과제를 뽑았던 기업이면 "도대체 이 과제가 우리 회사 전략과 어떻게 연결되는 거지?" 하는 의문에서, "이 과제 미리 뽑아놓고(Bottom-up) 그냥 전략 밑에 붙여놓은 거 아냐?" 하는 의구심까지 과제 선정 '과정'에 대한 '진정성'을 의심하게 되고, 이것은 바로 '미완'의 결과임을 자인하게 된다. 또 혁신성을 강조해 과제를 선정한 기업 경우, 경쟁사보다 높은 '목표 값'을 설정해 과제를 뽑도록 유도해도 각 사업부에서 올라온 목록을 보면 일부 과제의 경우 왠지 수행 가능한 범위 내에서 골라낸 듯한 의구심을 떨쳐버릴 수가 없다. 이런 의구심은 현실적으로 어느 정도 타당한데 왜냐하면 각 사업부장들은 실적으로 평가받는 시스템에 속해 있고 실패할지도 모를 혁신성 높은 과제를 선정하는 일에 인색할 수도 있기 때문이다. 그 외에 사업부장과 부서원 모두 모여 워크숍을 통해 주요 과제를 선정한다거나, 절차를 몇 단계로 나누는 방법 - 예를 들어, 사업부가 1차로 제시한 과제를 전사 혁신 팀에서 사업부와 질의응답으로 2차 검토하고, 다시 임원 회의를 거쳐 최종 확정짓는 방법 등 - 들이 있을 수 있는데, 이렇게 하더라도 '완성도'란 관점에서 뭔지 모를 아쉬움이 남는 것은 어쩐 일일까? 그럼 지금까지의 방법 말고 과연 다른 최적의 대안은 존재하는 것일까?

본 책은 바로 앞서 설명한 '완성도' 측면에서 『과제 선정 방법론을 완성』하는 전기를 마련하고자 한다. 가장 실질적이고 구체적이면서 모두가 공감할 수 있는 방법 말이다. 혹자는 "어 이거 어디서 본 것 같은데!" 하고 말할 수 있다. 그러나 이런 의문에 정면으로 반박하거나 구구절절 변명을 늘어놓을 생각은 없다. 앞으로 구성될 본문 속 내용을 통해 검증과 유용성을 인정받고 싶을 뿐이다. 또 그동안의 컨설팅 경험으로부터도 확실한 자신감도 갖고 있다. 따라서 이 글을 접할 사업부장 및 과제 수행 리더들은 전개될 '과제 선정 방법론'의 취지를 이해하고 현업의 활용을 통해 의미 있는 성과를 내는 데 노력해 주길 바란다.

그동안 출간된 총 17권의 『Be the Solver』 시리즈들은 모두 '세부 로드맵', '통계의 두 가지 기본 원리', '명확한 출처와 원조 용법의 제시' 등 나름 독창적이고 차별성을 가미해왔으며, 본 '과제 선정' 역시 어디서 본 것일 수도 있겠지만 분명 그들과 구분되는 차이점이 있음을 강조하는 바이다. 끝으로 본 책 외에 앞으로도 토종 혁신프로그램 완성을 위해 지속적으로 노력할 것임을 감히 약속드리는 바이다.

저자 송인식

　수많은 '과제 선정 방법론'들 중에서 본 책의 방법이 유독 그 유용성과 효과성을 인정받으리란 기대는 사뭇 긴장감을 고조시킨다. 정말 이 방법이 "유용하고 효과적인가?"라는 질문에 선뜻 답할 자신감이 없어서가 아니라, 곧 경기를 치를 선수가 대기실에서 미래의 불확실성에 대해 잠시 기다리는 짧은 시간 동안 느끼는 긴장감 같은 것이랄까? 한편으론 그런 긴장 한구석에 약간의 설렘도 자리하는데, 그것은 이 방법이 기존과 분명 다른 점이 있다는 것과 한편 확신에 찬 자신감도 발동하기 때문이다. 따라서 본 책의 '특징'과 '구성'을 논하는 일에 신경이 쓰이는 이유이기도 하다. 본 책의 '특징'과 '구성'을 요약하면 다음과 같다.

　1. 본문 초반에 기존의 '과제 선정 방법론'을 설명한다. 그런데 이들 모두를 쓰임새 있게 논하다 보면 정작 쓰고 싶은 방법론 이야기에 소홀할 수밖에 없다. 차이점을 얘기하려는데 여러 방법론들 중 하나로 인식될 수 있다는 우려와, 또 책의 분량도 고려치 않을 수 없기 때문에 가급적 기존 '과제 선정 방법론'은 요약 위주로 전개할 것이다. 다행히 「Be the Solver_혁신 운영법」 편에 '과제 선정'이 큰 시각으로 잘 설명돼 있어 부족한 내용은 서로 보완하고 있다. 경영 혁신을 어떻게 실행할 것인지는 「Be the Solver_혁신 운영법」 편을 참고하고, 본문에선 '운영 편'의 일부인 '과제 선정' 측면에서 새롭게 제

시된 방법과 기존 방법들을 비교하는 데 집중해주기 바란다.

2. 본문에서의 '과제 선정 방법론'은 재무제표를 기반으로 하는 만큼 그에 대한 약간의 사전 지식이 요구된다. 따라서 재무제표의 구성에 대해 설명이 있어야 하나 내용이 많아질 경우 과제 선정 방법을 논하는 기본 취지에서 크게 벗어나므로 적정선에서 마무리지을 것이다. 본문에서 설명되지 않은 재무제표 이해에 필요한 추가 정보는 관련 서적을 참고하기 바란다.

3. 재무성과에 필요한 과제 선정 외에 '비재무성과 과제' 같은 프로세스 효율화 또는 무형 효과성 과제들은 정성적 도구의 하나인 'Process FMEA'를 활용할 것이다. 따라서 용법에 대한 사전 이해가 요구되며 이에 대해 반드시 필요한 정보는 본문에 포함시켰으나 분량이 늘어날 경우 본래의 취지에 벗어날 수 있으므로 이 역시 부족한 부분에 대해서는 관련 서적을 참고하기 바란다.

4. 재무제표의 이용은 수행한 과제의 성과가 다시 재무제표에 반영됨을 의미한다. 그런데 현실적으론 100% 모두 반영되기 어려우므로 일부에 대해 재평가나 판단이 요구되는데, 이에 대해서는 「Be the Solver_과제 성과 평가법」편에서 다루고 있다. 따라서 본 방법론의 전개가 '과제 성과 평가'와 연동되도록 사전 기획됐다는 점도 알아두기 바란다.

5. 제시된 과제 선정 방법을 설명하기 위해 재무제표의 표본이 필요하며, 본문에선 특정 기업의 것을 쓰기보다 가정된 예를 통해 전개해나갈 것이다. 본문을 접할 리더들은 자신들이 속한 기업의 것을 활용해서 검토 결과를 사업부장과 공유함으로써 유용성을 검증하기 바란다.

사전 기획된 『Be the Solver』 시리즈는 총 17권이다. 본 책과 이미 출간된 다른 시리즈들과의 연계성을 잘 파악하고 활용함으로써 모든 리더들이 자신들의 문제 해결 역량을 드높이는 계기가 되기를 바란다. 혹 글을 읽다 이해하기 어렵거나 의견 또는 토론이 필요한 독자는 당사 '문제 해결 연구소(PS Lab)' 홈페이지 'http://ps-lab.co.kr'의 "소통방/자료방"을 방문해 문의나 의견을 개진해주기 바란다. 가능한 한 기업 발전에 도움이 될 수 있도록 음지 한 곳에서 부단히 노력할 것임을 약속드리는 바이다.

차례

Ⅰ

과제 선정

기업은 이익과 성장을 추구하기 위해 항상 문제 해결에 임하게 되며, 우리는 이것을 '과제 수행'이라 부른다. 따라서 '과제 선정'은 반드시 거쳐야 하는 통과 의례다. 본 단원에선 '과제 선정'의 기본 개요에 대해 생각해보는 시간을 가져볼 것이다.

과제 선정 개요

        '과제'란 무엇일까? 사전에서는 "처리하거나 해결해야 할 문제"와 같이 짤막하게 정의한다. 그럼 다시 '문제'는 또 뭘까? 사전은 "해답을 요구하는 물음" 또는 "논쟁, 논의, 연구 따위의 대상이 되는 것"으로 설명한다. 따라서 두 문장을 매끄럽게 연결하면 "해답을 얻기 위해 처리해야 할 일"쯤 되지 않을까 싶다.

- **과제** (국어사전) 처리하거나 해결해야 할 문제.
- **문제** (국어사전) 1. 해답을 요구하는 물음. 2. 논쟁, 논의, 연구 따위의 대상이 되는 것.
- **과제** (필자) 해답을 얻기 위해 처리하거나 해결해야 할 일.

    '해답을 얻는 일'의 관점에선 아마 인류가 생긴 이래 인간이 해온 모든 활동들이 포함되지 않을까 생각된다. 신석기 시대엔 고픈 배를 채우기 위한 '해답'으로 '짐승을 잡는 일'이 중요했을 것이고, 청동기 시대부턴 타 부족에 점령당해 노예로 전락하지 않기 위한 '해답'으로 무기를 개발하고 힘을 키우는 일에 매진했을 수 있다. 부족 국가 탄생 이후엔 영토를 확장할 '해답'을 얻기 위해 다양한 전략이나 병법의 개발이 탄생했을 것이고, 근대 이후론 산업혁명을 위한 '해답' 찾기, 현재는 GDP를 올리거나 경제적 우위를 점하기 위한 '해답'으로 정책 사업이나 국가 간 자유 무역 협정 등이 추진된다. 예들이 규모가 너무 커서 잘 와 닿지 않으면 개인의 경우로 전환해보자. 갓난아기는 우유를 제때 먹기 위한 '해답'으로 울어 제치기를, 수험생은 합격의 '해답'을 찾기 위해 나름 공부 방식을 개발하거나 정 안되면 부모도움이라도 얻어서 고액(?) 과

외 등을 받기도 한다. 기업인은, 회장은, 정치인은, 사업가는, 거지는 등등, 사실 이렇게 따지면 모든 사람이 문제 해결을 위한 답을 찾는 일에 주어진 인생 모두를 걸고 있다 해도 과언이 아닐 것이다. 이뿐인가? 생명을 달고 있는 동물은 물론 식물까지도 나름 삶을 영위하기 위해 각자의 영역에서 '해답' 찾는 일에 몰두한다. 동물은 사냥이나 보호를 위해, 식물은 광합성 등을 위해 노력한다. 결국 지구 위 삼라만상은 각자가 처한 상황에 따라 보다 나은 미래를 위한 '해답' 찾는 일에 전념하고 있음을 알 수 있다. 너무 궤변인가(^^)!

앞서 전개한 내용이 다소 궤변으로 들린다면 거꾸로 '해답'을 찾는 노력이 없다고 생각하면 어떨까? 배고파도, 돈이 없어도, 자녀 보육의 필요성도, 의무도, 권리 찾기도 사실 그 어떤 것도 부담으로 느껴지지 않을 것이다. '답'을 찾을 필요가 없다면 말이다. 그런데 우리 주변의 모든 활동이 '답'을 찾기 위한 노력의 일환이라면 다른 의문 하나가 떠오른다. 즉 "해답이 필요한 모든 일들에 똑같은 가중치로 나의 자원을 투입해야 옳을까?" 분명한 것은 하루는 24시간이고, '나'라는 객체는 현재 최대로 발휘할 역량이 제한적이며, 또 내가 갖고 있는 주변 자원 역시 무한히 사용하는 것은 허용돼 있지 않은 게 현실이다. 결국 해결할 무수히 많은 일들이 널려 있음에도 각자에겐 좀 더 나은 미래와 현재의 가치를 높이기 위한 '해답' 찾는 일에 주어진 자원을 효율적으로 쓸 수밖에 없으며, 이 역시 '해답'을 찾아야 한다면 널린 일들의 '우선순위화'가 중요해진다. 일단 '우선순위화'가 되면 중요도가 높은 것들에 집중할 수 있으므로 '해답' 찾는 노력이 수월해지고 그 효과 또한 기대치를 상회할 수 있다. 따라서 이런 접근은 자연스럽게 '선정'이란 활동으로 넘어간다. 이것을 우리의 주제와 결부시키면 바로 '과제 선정'이 되겠다.

만일 '과제 선정'의 주체가 '기업'이면 사안이 좀 복잡해진다. 개인이면 먹고 살고, 자녀를 양육하는 일과 좀 여유가 있으면 인생을 의미 있게 살기 위한 활동 등 '해답'을 얻는 우선순위 활동에 큰 무리가 따르지 않지만, 그런 개인이 여럿 모인 기업에선 개인뿐만 아니라 그들 모임(조직)의 여러 이해도 고려해야 하고, 또 전체가 한 방향으로 나아가기 위한 다양한 문제 해결에 직면할 수도 있으며, 밖으론 경쟁사들로부터 항상 기업 생존의 위협에 시달려야 하므로 살아남기 위한 고민에서 자유로울 수 없다. 즉 해결할 문제가 복합적으로 나타나므로 가장 좋은 '해답'을 찾기 위해 그들 간 우선순위를 매기는 일이 단순치만은 않다.

이런 이유 때문일까? 기업에서 당면한 문제들의 '해답'을 찾기 위한 우선순위화는 항상 화두가 된다. 도대체 정형화된 방법은 없는 것일까? 만일 정형화된 방법이 없다면 기업은 끊임없는 고민에 시달려야 한다. 모두가 공통의 목표를 갖고 한 방향으로 나아가야 할 상황에서 꼭 필요한 것이 표준화이고 그래야 함께 공유할 수 있는 것은 물론 사람이 새로 입사하고 퇴직해도 전달하기 쉬우며 경험이 쌓인다면 업그레이드를 통해 기업 발전에 기여할 수 있지만, 만일 당면한 문제를 찾기 위한 정형화된 방법이 없다면(또는 표준화가 안 돼 있다면) 매번 'Case by Case'로 대응해야 하고 과연 그런 일을 지금과 같은 스피드 경영에 수용될지도 의문이지만 설사 수용되더라도 기업발전을 저해하는 비효율적 활동으로 낙인찍힐 게 불 보듯 뻔하다. 그래서일까? 컨설팅을 하면서 수많은 기업으로부터 의뢰받은 꾸준한 요구 사항들 중 하나가 바로 '과제 선정법'이다. '과제 선정법'에 대한 기업의 요청은 한결같이 "과제 뽑는 뭐 쌈박한(?) 방법 없습니까?"이다. 왜 이 같은 요구가 모든 기업에서 그것도 공통적으로 불거져 나오는 것일까? 그동안 기업에서 '과제'를 '선정'하는 나름의 방법이 없었던 것일까? 있었는데도 불구하고 이런 요구가 지속적으로 나오고 있다면 그 문제점을 지적하지 않을 수 없으며, 만일 그렇다면 '해답'을 찾으려는 노력이 절실하다. 따라서 이 글을 읽고 있을 사업부장과 과제 수행 리더들은 필자가 수행하고 있는 "가장 적합한 과제 선정 방법론 찾는 과제 활동(좀 긴 표현이다^^)"을 면밀히 검토해서 각자 기업에 맞는 최적의 '해답' 찾는 일에 집중할 필요가 있다.

1. '과제 선정' 활동에 필요한 것이 과연 쌈박한 '방법론'일까?

　필자는 태생적으로 장이 별로 좋지 않다. 신경을 많이 쓰면 민감한 장이 정상 동작을 멈추고 이상 반응을 보이는 덕에 생활에 불편을 겪은 적이 한두 번이 아니다. 병명은 '과민성 대장 증세'다. 수년 전 한 주가 시작되는 월요일이면 새벽 첫 비행기를 타고 울산 모 기업에 멘토링을 하러 갔다가 화요일엔 서울 광화문으로, 수요일엔 다시 울산, 목요일엔 대전, 금요일엔 인천, 주말엔 과제 정리 뭐 이런 식으로 2년 가까이 바쁘게 움직인 덕에 별로 공개하고 싶진 않지만 문제 해결 교육 중 잠시 사라졌다 짠하고 나타나는 일도 비일비재하였다. 당시 교육생들은 무슨 일이 있었는지 몰랐을 수도 있다. 증상이 오면 실습하는 틈을 타 쏜살같이 다른 강의실(?)에 다녀온 뒤 아무 일도 없는 양 강의를 이어갔기 때문이었다. 이런 일로 얌전히 머물러야 하는 시간, 예를 들어 잠시 움직임이 제약된 회의장이나, 비행기 기내, 특히 고속버스로의 이동은 그야말로 괴로움을 넘어 공포의 대상이기도 했다. 그런데 신기한 일이 생겼다. 그렇게 필자를 못 살게 굴었던 대장 증세가 사라진 것이다. 아침에 뜀박질을 하고부턴데 여전히 자신할 순 없지만 여하간 현재로선 뜀박질하고부터 아랫배 복통은 사라졌다. 이런 기적(?)이 있고부터 현격하게 달라진 게 바로 집중력이 높아진 일이다. 고대 로마의 시인 유베날리스(Decimus Junius Juvenalis, 50?~130?)는 "건전한 정신은 건전한 육체에 깃든다"란 명언을 남겼다. 육체가 건강하지 못하니 집 밖에선 대중교통 이용할 일이 걱정이고, 집에 있더라도 밤늦게 일 좀 할라치면 피곤으로 다음날 배앓이가 걱정이다. 그런 민감한 고민들은 새로운 스트레스로 작용해서 다시 대장을 과민하게 하는 원인이 된다. 이런 악순환의 끈을 잘라내지 않으면 몸은 지치고 말라가며 더 큰 병의 요인이 되곤 한다. 만일 배앓이 사라짐이 진정 뜀박질 때문이면 이것은 바로 악순환을 끊는 데 작용한 유용한 원인이 된 것임에 틀림없다. 이를 근거로 판단컨대 "육체가 건전해야 정신도 건전해진다"는 둘 간 인과성을 설명하기보다 '정신'과 '육체' 모두의 중요함을 강조한 구절로 보인다. 그런데 과제 선정 방법론을 논하는 와중에 생뚱맞게 웬 '과민성 대장증세' 얘기람?!!

　한 기업 내 혁신을 주관하는 담당자들은 항상 어려움에 노출돼 있다. 직원들에게 욕을 많이 먹을수록 혁신 활동은 잘 한다고들 하지만(그만큼 추진력 있게 일을 한다는 의미로) 직원들 입장에선 해야 할 본업 외에 혁신에서 요구하는 사항들은 부가적인 일로 여겨지는지라 일단 뒤로 미루거나 그래도 수시 요청에 대응하지 못하면 급기야 불만을 토로한다. 예를 들어 "혁신적인 과제의 근거가 무엇인지 모호하다. 적합한 잣대를 만들어 달라"라든가 또는 "접근 방식을 왜 이렇게 복잡하게 따지는지 모르겠다. 뭐 다른 쉬운 방법은 없는가?", "왜 꼭 모두 모여야 하고, 시간도 하루 온종일 잡아 일을 치러야 하는가? 빠른 방법을 제시해 달라. 그게 혁신에서 고민할 일 아닌가?" 가장 대표적인 불만으론 "왜 이렇게 일을 촉박하게 잡아놓고 다그치는가? 미리미리 할 수는 없는가?" 등등. 물론 좀 더 심한 경우도 있다. 과제 선정을 위한 내용전달 때문에 부서별 담당자들을 모아놓으면 혁신 담당자는 죄인이 되기 십상이다. 직책이라도 좀 낮으면 그날은 참석자들이 그동안 억압받은 모든 눌림을 한 번에 떨치기라도 하듯 집중 포화 속에 밥(?)이 되기도 한다. 대가 센 혁신 담당자라면 싸움 한 판 벌어지는 것도 예삿일은 아니다. 드문 경우이긴 하지만 혁신 운영에 대해 공개 재판 비슷하게 분위기가 고조되다 보면 외부인인 컨설턴트에게도 불똥이 튈 때가 있다. 그냥 정말로 잠시 옆에 있었다는 그 이유 하나만으로(이럴 때면 슬프다^^!) 마치 선량한 임직원에게 이것저것 하라고 시킨 장본인이라는 것인데 이럴 땐 부정도 긍정도 하지 않으면서 분위기를 다운시키는 데 온 정열(?)을 불태우곤 한다. 지각 있는 선인들이 흥정은 붙이고 싸움은 말리라고 했으니 말이다. 정녕 이런 환경에 노출된 혁신 담당자라면 정해진 방법을 그냥 밀어붙이기도 힘들다. 현업의 어려움을 들어주고 일이 잘되도록 보조하는 일도 매우 중요한 역할 중 하나이기 때문이다. 그래서 사무국 혁신담당자가 컨설턴트에게 임직원의 VOC를 대변해 "과제 선정을 위한 뭐 좋은 방법 없나요?"란 요구를 지속적으로 해오는 배경이 여기에 있다.

혁신 담당자 요청으로 만일 정말 기막힌 '과제 선정 방법론'이 있어서 필자가 그것을 제공했다고 가정해보자. 이 방법을 통해 예상되는 일은 어차피 과제야 아무 일도 안 했는데 서절로 책상 사이에서 스멀스멀 기어 올라와 어느 순간 턱 하고 코앞에 나타나는 것은 아닐 것이므로 결국 부서별 사람들이 모여야 하며, 그들로부터 뭔가 내용이 흘러나와야만 한다. 누군가 수행 과제에 대해 얘기를 해줘야 과제가 선정될 것이 아닌가 말이다. 이런 구조를 머릿속에서 약간이나마 상상해보면 필요한 과제를 뽑는 일은 정녕 '방법론' 그 자체에만 있는 건 아니란 사실을 인지하게 된다. 그럼 뭐가 더 필요한 것일까?

만일 '방법론'이 눈에 보이는 실체, 즉 사람의 '신체'에 비유된다면, '건전한 신체'에 바로 '건전한 정신'이 깃들어 하나의 완성된 개체가 되듯 '정신'에 비유되는 뭔가가 있어야 한다. 이것을 한 단어로 요약하면 '진정성'이다. 마치 '과민성 대장 증세'로 불편해하던 '신체'가 개선되면 '정신적 활동'도 좋아져 모든 일에 활력을 찾듯, '신체', 즉 '방법론'엔 '정신', 즉 '진정성'이 깃들 때에야 비로소 '과제 선정'이란 활동에 의미가 생긴다. 지금까지의 설명을 개념도로 나타내면 다음 [그림 A-1]과 같다.

[그림 A-1] '과제 선정'의 개념도

[그림 A-1]을 보면, 사람은 '신체'와 '정신'이 함께할 때에야 비로소 완전한 실체를 이룬다. 둘 중 하나가 정상 작동하지 않으면 활동에 제약을 받는다. 마찬가지로 '과제 선정 활동' 역시 '방법론'과 '진정성'이 하나로 묶일 때 그 효용성이 발휘된다. 다시 말해 가장 최적의 '방법론'을 찾았다고 해도 이것만으론 원하는 수준의 과제가 도출되리란 기대는 심하게 얘기하면 허황된 꿈일 수 있다. 우리 기업에 가장 적합한 '방법론'이 뭐가 있는지 찾는 노력과 함께 과연 과제를 선정하는 활동에 '진정성'이 포함될 수 있는지를 검토해볼 필요가 있다. 그럼 '방법론'은 상황에 맞는 것이 있다고 치고, '진정성'은 어떻게 설명해야 될까?

2. '과제 선정' 활동에 '진정성'이란 무엇인가?

기업에서 이루어지는 '과제 선정'은 통상 당해 연도 말 또는 새해가 시작되는 1월에 실시된다. 사실 모든 기업이 당해 연도 과제를 지속적으로 수행하고 있으므로 기업별 '과제 선정 방법론'은 이미 보유하고 있음이 확실하다. 이때 다음의 상황을 통해 '진정성'이란 의미를 가늠해보자.5)

A사는 경영 혁신 활동을 2년 정도 수행했으며, 3년차에 들면서 그동안의 각 부서별로 중요하다고 판단되는 문제를 과제화했으나(Bottom-up), 이제는 경영 전략과 연계된 과제 선정(Top-down)을 하기로 결정하였다. 물론 혁신을 시작했던 초창기에도 이를 몰랐던 것은 아니었으나 바로 시작해야 하는 시간적 제약과 임직원의 인식 부족으로 일단 쉬운 방법을 선택했었다. 이에 여러 컨설팅 업체에 문의한 결과 '외부 환경 분석 → 내부 능력 분석 → 산업 동향 분석 → 전략 과제 도출'

---

5) 본 내용은 「Be the Solver_프로세스 개선 방법론」편의 내용을 옮긴 것이다.

이라고 하는 큰 흐름을 바탕으로 각 활동에 속해 있는 다양한 분석 도구들을 활용하는 과제 선정 방법론을 채택하였다. 물론 이 작업을 수행하기 위해 전사의 임원들과 각 기능 부서의 장들이 일정 기간 동안 인터뷰 대상이 된다거나 막대한 분량의 회사 운영 지표들을 검토하는 과정이 정신없이 이루어졌다. 약 한 달여 기간 동안의 수행 과정이 사장과 임직원들이 모두 모인 강당에서 발표되었으며, 약 보름 뒤 최종적으로 정리된 과제들이 트리 구조로 요약되어 다시 사장과 임직원들이 모인 자리에서 발표되었고, 이를 바탕으로 3년차 혁신 과제 수행이 진행되었다. 그런데 사무국 혁신 담당자는 이 결과에 완전히 만족하진 않았다. 각 부서별로 할 수 있는 수준만큼의 과제들이 도출된 것 같았고, 이것은 실패에 따른 성과 평가의 불이익을 염두에 둔 임원들의 생각이 일정 반영된 것도 사실이었기 때문이다.

다음은 5년차에 들어가는 B사의 사례이다.

사장의 강력한 리더십으로 경영 혁신을 추진한 이래 지속적으로 수준 향상을 꾀하려고 노력했던 이 회사는 그동안의 과제 선정 방법에 회의를 느끼고 있었다. 실로 좋다고 하는 방법론을 모두 끌어다 운영해보았으나 최종 선정된 과제들이 이미 실무자들이 대부분 염두에 두고 있던 내용들의 다듬어진 결과라는 것을 알고 있던 터였다. 그러나 기존의 방법들이 과제 선정을 위해 다소 부족했다고는 얘기하지 않았다. 너무 큰 노력과 많은 임직원들이 그 과정에 투입되었고 시간도 만만찮게 소요되었던 터라 그를 공식적으로 비판하는 문제에 있어서는 누구도 감히 선뜻 나서지 못하는 상황이었기 때문이다. 또 그 방법이 잘못되었다기보다 그에 참여하는 임직원들의 적극성이 떨어지거나 몸을 다소 사려 성공 가능한 범위에 집착했기 때문이라는 것도 암암리에 인지하고 있었다. 이런 상황을 너무나도 잘 알고 있던 B사의 혁신 부서 임원은 다음과 같은 과제 선정 방법을 공식화하였다. 즉 기존에 운영되고 있는 프로세스의 수준 향상과 관련된 모든 과제는 팀장 주관하에서 운영하도록 하고, 별도로 사업부 과제를 기존 사업 계획의 목표를 초과할 수 있는 창조적이고 혁신적인 유형으로 도출하도록 주문한 것이었다. 약 2주간의 혼란한 분위기가 이어졌다. "뭘 하라는 거지? 기존 사업 계획 목표도 죽죽 늘려 잡은 상황인데, 그건 기본으로 하고 혁신적인 과제를 추가로 창조하라니!" 의견이 분분하였으나 급기야 사업부장에 따라 의미 있는 변화가 일어나기 시작하였다. 기존의 임원, 기능별 부서장, 핵심 담당자별로 개별 인터뷰를 통해 상황 파악을 하던 패턴에서, 사업부장이 부서장, 과장 및 말단 사원까지 모두 회의실에 모이게 한 뒤, 취지를 설명하고 사업 계획 추가 목표를 달성하기 위한 내부 토론회를 개최한 것이다. 처음엔 말을 아끼던 직원들이 사업부장의 추가적인 목표 달성을 위한 과제 유형을 생각한 대로 제시하자 너무 과도하다고 이의 제기를 하기 시작했다. 가만히 있다간 그 과도하다고 생각되는 과제를 직접 수행할 당사자가 바로 회의에 참석한 본인들이었기 때문이었다. 시간이 갈수록 분위기가 험악(?)해지기도 하였다. 그러나 어느 순간 정말 혁신적인 추가 목표 달성을 위한 과제가 도출돼야 한다는 피할 수 없는 상황임을 절실히 인식하게 된 부서장과 직원들이 머리를 맞대고 고민하는 상황이 벌어지기 시작했다. 결국 5시간의 마라톤 회의를 거치는 동안 "그거 한번 해볼 만하다"라고 하는 공감대가 형성된 사업부 과제가 탄생하였고, 이후 몇 번의 수정 작업을 거쳐 급기야 간접 부문임에도 10개월 뒤 20여억 원의 순수 재무성과를 창출하는 BP 사례가 탄생하는 영광을 경험하였다.

앞서 설명된 두 사례에서의 차이점은 바로 '진정성'의 있고 없음으로 요약될 수 있다. '진정성'이란 서로 간 공유되고 일반적이며 회사와 조직을 위해 나타나는 성질의 것이 아니다. 지극히 지엽적이고 특수하며 매우 개인적인 성질의 것이다. 이렇게 얘기하면 "회사 조직에서 과제를 수행하는데 어떻게 개인적인 사고와 지엽적 접근으로 훌륭한 과제가 나올 수 있으며, 또 그것이 올바른 접근이라 말할 수 있는가?" 하고 의문을 제기할지 모른다. 과연 그럴까?
B사의 사례에서 사업부장과 부서장이 모두 모여 앞으로 해야 할 과제를 선정함에 있어 문화적 차이는 있지만 직원들은 말을 매우 아끼는 습성이 있다.

말을 꺼내면 그것은 십중팔구 그의 과제로 굳어진다는 과거의 학습 효과가 반영된 결과이다. 이런 경향은 직책이 높은 임원이 참석할수록 더욱 두드러지는데, '즉시 결정'이 가능해져 우려가 현실이 될 가능성도 훨씬 높아지기 때문이다. '진정성'은 사전엔 없으나 다음과 같이 요약된다.[6]

> · **진정성** '진정성'은 "진정으로 사랑하다/진정으로 말하다/그녀는 한익의 이러한 충고가 진정에서 나온 것임을 본능적으로 깨달았다. (홍성원)『육이오』"와 같이 쓰이는 명사 '진정(眞情)' 뒤에 '성질'의 뜻을 더하는 접미사 '-성(性)'이 붙어 만들어진 말로 보이므로 그 뜻은 '참되고 애틋한 정이나 마음'을 뜻하는 '진정'의 뜻과 관련이 있을 것으로 보인다.

'진정성'이란 "참되고 애틋한 정이나 마음"과 관련이 있으나 '과제 선정 활동'은 기업에서의 일이므로 필자가 이 용어의 정의를 '과제 선정 활동'에 맞게 약간 의역하였다.

> · **진정성(과제 선정 시)** (필자) 각 개인의 이익과 성장을 위해 과제 선정 활동이 본인에게 꼭 필요하다고 생각하는 참된(진실 된) 마음가짐. 이를 통해 진정한 몰입이 이루어진다.

'과제 선정 활동'에 '진정성'이 깃들기 위해선 참석에 의미를 두기보다 주인의식을 가져야 가능한 일이다. "과연 문제가 뭘까? 뭘 해야 주어진 목표 이상의 결과를 얻어낼 수 있을까?" 하고 스스로 수없이 되뇌며 참석자들과 정보를

---

6) 우리말에 대한 궁금증을 국립국어원에서 정리하여 제공한 내용.

공유하고 시행착오를 거치는 땀내 나는 과정이 요구된다. 좀 과격한 비유이긴 하지만 내 몸이 아파 건강을 회복하기 위한 방편을 찾아낼 생각을 한다거나, 그래도 와 닿지 않으면 생각하기도 싫지만 내 아이의 손이 문에 찧여 급히 병원으로 뛰어가야 할 절박한 상황을 상상하면 '진정성 있는 마음가짐'이 어떤 상태인지 상상되지 않을까 싶다. 개인에 필요하고 개인에 이익이 된다면 자연히 '몰입'의 단계로 들어가지 않을까? 그런데 주어진 '방법론'만으로 과제 선정을 위해 모인 모든 팀원들이 이런 절박한 마음가짐, 즉 '진정성'까지 무장하기란 현실적으로 기대하기 어려운 실정이다. 예를 들어 한두 명이 적극성을 보이더라도 그들의 아이디어가 그들의 과제로 정해지는 한 대부분은 함구하고 말 것이다. 모두라고 하기엔 자신 없지만 상당수의 경우가 기존의 '방법론'이 제대로 발휘되지 않는 이유는 '방법론' 자체에 문제가 있다기보다 이면에 '진정성'의 결여가 상당부분 자리하고 있음을 부인하긴 어려울 것이다. 그럼 정녕 과제 선정 활동에 '진정성'을 개입시킬 기회는 전혀 없는 것일까? 100% 장담하긴 어렵지만 꼭 불가능한 것은 아니다. '진정성'을 갖게 하는 데는 기업과 조직의 문화도 한몫할 뿐더러 '접근 절차'나 '과제 선정 방법론'에서 일부 실현시킬 수 있는 여지는 충분히 있다. 사람을 움직이는 일인 만큼 확실히 가능하다고 주장하긴 어렵지만 말이다.

다음 장에서는 '과제 선정 활동'에 '진정성'을 갖게 할 방법에 어떤 것들이 있는지 필자의 경험을 토대로 나열해보도록 하겠다.

3. '진정성'을 간접적으로 드러내는 방법

간혹 일부에선 한 해 동안 수행할 과제를 선정하는 일이 왜 고민의 대상이 되는지 의아해할 수 있다. 기업이라면 사업 계획이 수립될 것이고, 그 목표를 달성하기 위해 당연 예상되는 활동을 하면 되는 거 아닌가 하고 말이다. 그러나 같은 결과라도 자원의 투입 대비 효과인 효율도 중요할 뿐더러, 또 기업의 이익이야 다다익선이므로 목표를 초과 달성할 기회를 미리 찾는 일도 중요하다. 위험 관리 차원에선 외부의 환경 요인으로 예상을 벗어난 일들이 발생하지 말란 법도 없으므로 만일 과제 수행 중에 이 같은 영향이 감지되면 재빨리 궤도 수정이나 다른 과제를 추가 발굴하는 등 예상 위험을 회피할 방법도 강구해야 한다. 또 과제화해서 계획대로 추진하지 않으면 결과만 쳐다보고 있어야 하는데 이것 역시 위험 관리 측면에선 바람직하지 않다. 여러모로 사업 계획은 '목표'가 있고, '목표'는 '활동'에 의해 이루어지는 만큼, 미리 '목표' 달성에 꼭 필요한 효율적이고 성과를 극대화할 '활동'을 규정짓는 일은 필수적이라 할 수 있다.

이와 같이 어차피 해야 할 '과제 선정 활동'에 대해 앞서 설명한 바와 같이 좋은 성과를 얻기 위해선 '방법론'뿐만 아니라 '진정성'이 가미돼야 하는데, 여기서 '진정성'은 사람의 마음을 움직이는 것으로 사실 쉽사리 접근할 영역은 아니다. 물건 하나 만드는 일은 밤새워 할 수 있지만 사람 한 명 다루는 일은 밤새운다고 될 일이 아니기 때문이다. 따라서 '직접적' 방법 외에 제목에 언급한 바와 같이 '간접적'이란 표현을 사용하였다. 다음은 '과제 선정 활동'에 '진정성'을 가미할 수 있는 필자의 경험적 지식을 요약한 것이니 관련 업무에 참고하기 바란다.

① 달성이 매우 어려운 혁신 목표를 세워 과제를 도출토록 유도한다.

기업에서 차년도 사업 계획 수립 시, 어찌됐든 직전년도보다 높은 목표를 설정해야 이익과 성장이란 두 마리 토끼를 잡을 수 있다. 둘 중 하나라도 기대에 미치지 못하면 기업 생존에 큰 위협을 느낄 수밖에 없다. 그러나 '목표'가 전년도에 비해 높더라도 기업이 보유하고 있는 자원이나 상태, 차년도 시장 상황, 현 시장 동향 등을 분석해 마련되는 만큼 현실과 무지막지하게 동떨어진 수치를 만들어내는 일은 드물다. 예를 들어 달성 불가한 수준을 지속적으로 설정한다면 목표 미달 시 갖는 스트레스와 임직원들의 피로, 불만 등은 극에 달할 수 있다. 결과적으론 기업의 이익과 성장 모두를 위한다는 기치 아래 상식을 뛰어넘는 목표 설정은 좋은 접근은 아닌 듯하다. 따라서 사업 계획의 '목표'는 현실에 기초하고 있어야 하며 달성 가능성 역시 매우 높을 것이란 기대를 할 수 있다.

그러나 과제를 선정하는 단계에선 사업 계획의 목표 설정과 좀 다른 접근이 필요하다. 사업 계획의 목표 자체가 직전년도에 비해 높았다고 해서 과제 선정에 그대로 가져다 쓰는 것은 '진정성 개입'이란 차원에서 한 번 고려해볼 필요가 있기 때문이다. 해서 그보다 훨씬 높은 수준(필자는 +100% 수준으로 정의하곤 한다. 가끔 미쳤다는 소릴 듣곤 하지만...)을 정한 뒤, 그를 달성할 수단(활동)을 고민토록 유도하는 것이다. 물론 현실적으론 사업 계획 목표보다 100%나 더 높은 수준을 달성할 수는 없겠지만 아이디어 발상만큼은 50억을 벌기 위한 접근과, 100억을 벌기 위한 접근은 사고의 깊이에 큰 폭의 차이가 있음을 인정하지 않을 수 없다. 팀원들에게 취지를 충분히 설명하고 진지한 분위기에서 이끌어 가다보면 보다 효율적이고 때론 기발한 과제들이 탄생하곤 한다. 주어진 조건보다 두 배나 높은 목표를 대상으로 고민하기 위해선 '진정성(진정한 몰입)' 없인 접근 자체가 어렵기 때문이다.

② 과제 선정 시 'Quick 방법론'의 활용을 적극 홍보하는 일이다.

과제 선정 단계에서 웬 난데없는 '과제 수행 방법론'을 거론하는가 하고 의아해할 수 있다. 'Quick 방법론'은 기존 '문제 해결 방법론'의 로드맵에 비해 절차가 단순한 접근법 전체를 총칭한 용어이다. 이에는 '빠른 해결 방법론', '단순 분석 방법론', '즉 실천(개선) 방법론', '원가 절감 방법론' 등이 포함된다. 참고로 '빠른 해결 방법론'은 팀원이나 관련 담당자들이 모여 문제(X)를 이끌어내고, 다시 이들에 의해 '개선 방향'까지 도출하는 한마디로 사람들에 의해 분석과 개선이 통합돼서 진행되는 단순 로드맵이다. 보통 3개월 이내의 기간이 소요된다. 또 '단순 분석 방법론'은 분석은 필요하되 한두 개의 '잠재 원인 변수(X)'를 대상으로 이루어지는 경우로, 한 달 이내에 완료가 가능한 과제에 적합하다. '즉 실천(개선) 방법론'은 잘 알다시피 장표 1장으로 처리하는 '바로 실천' 과제를 일컫는다. 끝으로 '원가 절감 방법론'은 간단한 개선 아이디어로 제품의 원가를 낮추는 접근법이다. 그럼 이들이 왜 과제 선정 단계에서 '진정성'을 유발시킬 수 있는지 설명이 필요하다.

과제 선정을 하다보면 가장 많이 나오는 불만 사항이 이미 알려진 내용들을 조합해서 마치 고민 끝에 나온 과제인 양 포장하는 일이다. 이런 유형들은 앞으로 어떻게 전개되고 어떤 결과가 나오는지 대충 예측되는 경우가 많다. 특히 염두에 둬야 할 사항이 '점유율'인데 이들은 전체 과제의 약 93% 이상을 차지한다. 이때 전사 운영팀이 앞서 언급한 'Quick 방법론'의 사용을 공식화하지 않거나, 사용을 허용하지 않고 난이도가 높은 문제 해결에 적합한 '프로세스 개선 방법론'만 인정하면 과제들은 고만고만한 수준 그대로 정리된 채 확정되고 만다. 어차피 문제를 해결할 방법론은 하나이므로 효과의 정도나 난이도에 대한 고려가 불필요하기 때문이다. 그러나 93% 이상의 과제들이 'Quick 방법론'으로 처리될 수 있음을 알리고 효과가 크거나 난이도가 높은 과제를 발굴하도록 유도하면 얘기는 달라진다. 과제 성격이 구분되므로 혁신적인 과제를 발굴하기 위한 별도의 노력을 기울여야 할 동기가 생긴다. 혁신성 과제들에 관심과 이목이 집중될 여지가 많아지기 때문이다.

③ 끝으로, 정량적 접근의 과제 선정 방법론을 활용한다.
과제를 선정하는 데 있어 '정량적'이란 표현은 다소 모호한 면이 있다. 기

존의 여러 방법들이 정량적 방법이란 미명 아래 제시되고 활용되었기 때문이다. 그러나 사람들이 모여 과제가 발굴되는 한 그것은 어디까지나 정성적 테두리 내에서 벌어지는 과정에 불과하다. 과제의 규모나 정도를 모두 수치화해서 우선순위가 매겨진다면 모를까 현실적으로 제약이 있음에 분명하다. 그러나 반드시 불가능하거나 전혀 없는 것도 아니다. 바로 회사 평가의 절대 척도인 '재무제표'가 있기 때문이다. 이것은 한 기업의 1년간의 성적표이자 성장성과 활동성을 가늠해줄 공식적이고 그래서 어찌 보면 총체적으로 평가할 유일한 정량적 잣대이다. 따라서 '재무제표'를 과제 선정에 활용한다면 '정량적 접근'이란 명확한 취지는 살릴 수 있다. 그러나 단순히 쉽게 접근할 수 있는 일만은 아니다. 다양한 고려가 필요한데, 필자는 다음 단원에서 기존에 쓰인 '과제 선정 방법론'을 설명한 이후 정량적 접근의 유일한 대안인 '재무제표'를 이용한 방법에 대해 소상히 언급하려고 한다. 과제 선정 활동에서의 '정량적 접근'이란 앞뒤 잴 필요 없는 명확성으로 인해 그 자체로서 '진정성'을 내포한다고 할 수 있다. 이에 대해서는 별도의 공간을 할애해 깊이 있게 논해볼 생각이다.

 과제 선정 개요에 대해선 어느 정도 설명이 된 듯하다. 다음 단원부터 기존 (또는 현재)의 과제 선정 방법론엔 어떤 것들이 있는지 자세히 알아보자.

기존의 과제 선정 방법

「Be the Solver_혁신 운영법」편에서 과제 선정 방법에 대해 언급한 바
있다. 그러나 여기에선 유형별 묶음보다 실제 현업에서 쓰였던 개별 방
법론들에 대해 내용과 장단점을 논할 것이다. 단, 상세함 대신 방법들
의 특징을 개괄적으로 알아보는 데 집중할 것이다.

기존의 과제 선정 방법 개요

「Be the Solver_혁신 운영법」편에 과제 선정 방법론의 유형을 '목표 전개형', '이슈 전개형', '프로세스 전개형'으로 구분해서 소개하고 있다. 그러나 본문에서는 유형 구분을 통한 설명보다 기업에서 실제 쓰였던 개별 기법 위주로 요약해서 정리할 것이다. 이것은 기존 기법들의 용법을 상세히 소개할 목적이 아니라 재무제표를 이용한 정량적 기법을 소개하는 데 비교 자료로 활용하기 위함이다.

필자가 과제 선정 방법론을 처음으로 접한 것은 2000년쯤으로 거슬러 올라간다. 미국 SBTI사로부터 문제 해결 방법론 컨설팅을 약 2년여 간 받은 후 자체적으로 과제를 뽑아야 할 시점에 전사 사무국에서 BSC와 결부된 선정 방법론을 각 사업부로 내려준 것이다. 당시 PDP 사업부에서 이 방법론을 통해 해야 할 핵심 과제를 도출한 바 있으며, 그를 토대로 과제 수행과 결과 평가가 이루어졌다. 당시로선 우리가 꼭 해야 할 일들이 정해진 장표에 하나하나 정리되는 즐거움도 있었으나, 꼭 방법론을 통해 과제가 도출되었다는 생각은 크게 들지 않았다. 왜냐하면 PDP란 신제품을 막 양산하려는 시점이었으며, 따라서 반드시 해야 할 중점 활동들이 이미 드러나 있는 상황이었기 때문이다. 물론 유형별로 정리된 장표를 임원과 부서장들이 검토하면서 조정 작업이 가능했다는 것은 긍정적으로 작용했음을 부인할 순 없다. 이 같은 생각은 아마 다른 사업부도 비슷했으리라 생각된다.

컨설턴트로 활동한 20여 년 동안 많은 기업에서 다양한 과제 선정 방법론을 수행해보았다. 경험으로 판단컨대 초창기 땐 각 방법론이 독립적이고 규격화된 형태를 띠었으나 기업의 다양한 요구 부응과 나름대로의 노하우를 토대로 그들의 장점들을 취합한 혼합형이 대세를 이루는 게 현실이다. 아마 기업 특성에 맞는 최적의 방법론을 찾다보니 다양한 출처에서 경험을 쌓은 컨설턴트들에 의해 자연스럽게 형성된 결과가 아닌가 싶다. 특징들을 살펴보면 다음과 같다.

① 당시 경영 혁신은 마이클 해리에 의해 세 개 세대로 구분되고 있었는데, 1세대는 비용 절감을 위한 'Bottom-up'이, 2세대는 기업의 전략과 연계시켜 성과를 극대화하기 위한 'Top-down'을 주창하였다. 이 시점에 과제 발굴도 위에서 아래로 전달되는 하향 구조가 정착되었다. 이것이 잘 알려진 'CTQ Flow-down(또는 Drill-down, Break-down)'이다. 따라서 국내에서 경영 혁신을 처음 도입한 기업들의 과제 선정도 이 하향 전개의 구조를 따르고 있다. 기업 경영 혁신 분야에서 가장 일반적인 방법론이라 할 수 있다.

② 시간이 좀 지난 후, 앞서 개요 중 설명된 삼성SDI 사례와 같이 기업별 특성을 반영한 형태가 나타났는데, BSC(Balanced Scorecard)나 TP(Total Productivity), BPM(Business Process Management) 등과 결부된 것들이 그것이다. 새로운 것이라기보다 기존의 다양한 분야에서 형성된 과제 발굴 방법들의 장점과 혼합된 형태로 볼 수 있다. 그러나 'Top-down'의 기조는 유지되는데 이것은 기업의 성장과 발전에 필요한 항목을 발굴해낼 가장 기본 원칙으로 자리 잡고 있기 때문이다.

③ 경영 혁신이 국내 전반적으로 퍼져 있고 다양한 방법들이 개발되고 융합되면서 출처가 불문명한 형식들이 태동하고 있다. 'X-Y Matrix'를 중심으로 여러 관련 도구들이 묶여 있는 형태라든가, KJ 그룹핑(친화도법)을 가미한 방법, 'Logic Tree'가 포함된 접근법 등 컨설팅 회사 수만큼이나 그 수도 다양한 것 같다. 규정할 순 없지만 내재화를 이루어가는 과정으로 해석하고 싶다.

④ 모든 기업들에 포용될 단 하나의 과제 선정 방법론이 존재할 것이란 기대는 하기 어렵다. 그러나 활용에 위험도를 줄이면서, 정량적이고, 접근성이 뛰어난 방법론이 없으란 법은 없다. 적용의 시행착오를 줄이기 위해선 기존의 용법 중 쓰임새가 좋은 것을 위주로 하되 두드러진 문제점을 보완하는 형태가 좋을 것이다. 본문에선 기업에 유용하면서, 적용성도 높은 '재무제표를 이용한 과제 선정 방법론' 제시를 통해 적어도 과제 선정 방법에 있어 완성도 높은 내재화를 이뤄보고자 한다.

이제부터 기존 방법들의 종류와 용법에 대해 간략히 알아보겠다. 명칭이 알려져 있지 않은 경우는 필자가 임의로 작명을 했으며, 공통적으론 실제 활용한 경험이 있는 방법론들로만 구성하였다. 개념만 있거나(이론적 성향의 방법론도 많음) 적용 실적이 없는 용법 또는 경험치 않은 유형들은 정확한 장단점 비교가 어렵고 실현 가능성 여부도 불투명하기 때문이다. 다행히 기존 방법론들을 대부분 섭렵했으므로 리더들이 주변에서 봐왔던 용법들과 큰 차이를 보이진 않을 것이다. 이 부분에 대해선 안심해도 좋을 듯하다.

1. Big Y 전개형

이 모델은 초창기 때부터 줄곧 주장돼온 과제 선정의 원형이라 할 수 있다. 가장 상위의 특성, 즉 회사 관점의 지표가 발굴되면 그를 중심으로 하향 전개해서 세분화된 지표들을 만든 뒤 서술어를 붙여 과제화하는 방법론이다. 예를 들어 'A 결함률'이 최종 지표로 선정됐다면 "프로세스 개선을 통한 A 결함률 20% 감소"라는 과제명 설정이 가능하다. 기본 개요도는 다음과 같다.

[그림 A-2] 'Big Y 전개형' 개요도

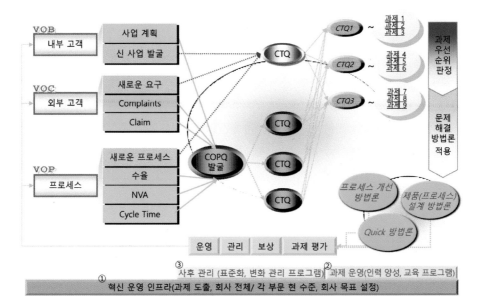

경영 혁신의 핵심 전략은 '고객 만족'에 있다. 따라서 과제 선정의 출발점은 '고객'으로부터 시작된다. '고객'엔 [그림 A-2]의 첫 열에 나열된 '내부 고객', '외부 고객', '프로세스'로 구분된다. 통상 고객 유형은 '내부 고객', '외부 고객', '이해 관계자'로 대변하는 것이 원칙이나 '이해 관계자' 대신 과제 선정에 직접적으로 관계되는 '프로세스'를 넣었다. '고객'이 만들어내는 것은 단 하나, 즉 '소리(Voice)'다. 따라서 '내부 고객-VOB', '외부 고객-VOC', '프로세스-VOP'에 대응한다. 또 각 고객의 소리 중 분홍색 사각형인 '신사업 발굴', '새로운 요구', '새로운 프로세스'는 모두 기존에 없던 것을 찾아내거나 만들어내는 활동이므로 고객의 '핵심 요구 사항'을 특성화시킨 'CTQ'를 1차로 끄집어낼 수 있다. 반면에 하늘색 사각형인 '사업 계획', 'Complaints',

'Claim', '수율', 'NVA(Non Value－added)', 'Cycle Time' 등은 현재 운영되고 있는 체계에서 비효율적인 문제를 찾아내 개선하는 것이 주효하며, 따라서 비효율적인 활동을 금액 단위로 환산한 'COPQ(Cost of Poor Quality)'를 구해 이를 줄이기 위한 'CTQ 선정'의 수순을 밟는다. 이어 이들을 다시 세분화한 뒤(CTQ Flow－down), 가장 하위 'CTQ'의 특성에 서술어 등을 붙여 '과제'를 탄생시킨다. 물론 적합한지에 대한 평가와 긴급성 및 재무성과가 큰 과제별로 우선순위를 거쳐 최종적인 확정 단계에 이른다. 만일 과제의 탄생 배경이 기존 체계에서 나온 것이라면 '프로세스 개선 방법론'을, 신규 요구나 새롭게 창출해야 하는 체계에서 나왔다면 '제품(또는 프로세스) 설계 방법론'을, 그 외에 단기간에 처리가 가능한 것들이면 'Quick 방법론' 등의 방법론을 적용해 정해진 기간 내 과제가 수행된다.

'고객의 소리'를 어떻게 잘 들어야 하는지에 대한 방법으로 인터뷰를 한다거나 설문 또는 현재 운영되고 있는 각종 지표들을 조사하는 등의 접근법이 설명돼야 하나 본문의 목적을 고려할 때 적합하지 않을 것으로 판단돼 이 정도에서 마무리한다. 다음은 단계별 접근법이다.

① 'Big Y'의 발굴

사실 'Big Y 전개형'은 여러 출처(기업, 컨설팅 회사, 출판물 등)에서 다양한 모습으로 존재하는데, 일단 상위 특성인 'Big Y'가 선정되면 세분화 과정, 즉 'CTQ Flow－down'과 이후 '과제 우선순위 판정' 등은 유사한 양상을 보인다. 따라서 'Big Y'를 어떤 방식으로 얻어내는가가 주요 관심사다. 경영 혁신 분야에선 다음과 같은 구조로 요약해 설명하곤 한다.

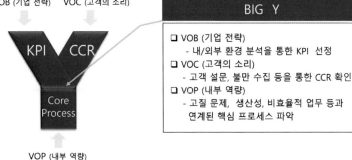

[그림 A-3] 'Big Y' 출처

[그림 A-3]을 보면 'Big Y'는 3개의 출처(VOB, VOC, VOP)가 모두 고려된 상황에서 형성되며 이것은 앞서 [그림 A-2]와 정확히 일치한다. 다만 [그림 A-3]은 추가로 'VOB → KPI', 'VOC → CCR(Critical Customer Requirement, 핵심 고객 요구 사항)', 'VOP → Core Process'로 구체화됨을 보여준다. 좀 더 부연하면 실체인 'KPI', 'CCR', 'Core Process'로부터 회사의 'Big Y'가 도출되고 이후 'CTQ Flow-down'의 과정을 밟는다. 이제부터 3개 유형 중 비교적 이해하기 어려운 'VOB(기업 전략) → KPI'의 예를 들어 보자.

'KPI(Key Performance Indicator)'는 BSC(Balanced Scorecard)[7] 관점에서 경영성과를 평가하기 위해 '재무', '고객', '프로세스', '학습과 성장' 등 4개 분야에서 핵심이 되는 평가 지표를 의미한다. 또 [그림 A-2]에서 'VOB'는 '사업 계획'과 '신사업 발굴'로 분류되는데, 이 두 개의 산출물들은 기본적으로 '외부 환경 분석'과 '내부 능력 분석', '산업 분석'을 기반으로 기업이 중장기적으로 나아가야 할 방향 설정을 통해 얻어진다. 이때 역시 'KPI'가 중요

---

7) '2. BSC(Balanced Scorecard) 접목형'에 용어 정의가 있다.

지표 역할을 담당한다. 약간 혼란스러운데 앞으로의 설명을 단순화하기 위해
다음 [그림 A-4]의 개요도를 작성했다.

[그림 A-4] 'VOB → KPI' 발굴 개요도

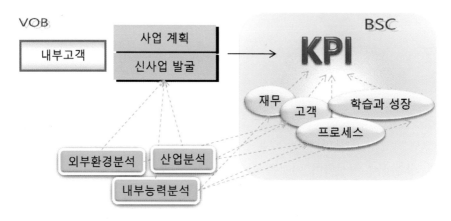

[그림 A-4]를 보면 'VOB'를 구성하는 「'사업 계획'과 '신사업 발굴'」,
BSC 관점의 '재무', '고객', '프로세스', '학습과 성장'으로부터 나온 「KPI」
들은 모두 '외부 환경 분석, 내부 능력 분석, 산업 분석'의 토대에 기초하고
있음을 알 수 있다. 결국 'Big Y'를 선정하기 위해 필요한 'KPI'들은 '외부
환경 분석, 내부 능력 분석, 산업 분석'을 통해 발굴될 수 있으며, 이것은
실제 여러 출처(기업, 컨설팅 회사, 출판물 등)에서 이들 분석들이 공통으
로 언급되고 있는 이유이기도 하다. 다음은 앞서 밝힌 환경 분석을 통해
핵심 과제를 선정하는 흐름도이다(「Be the Solver_제품 설계 방법론」편에서
옮겨옴).

[그림 A-5] 환경 분석을 통한 핵심 과제 발굴

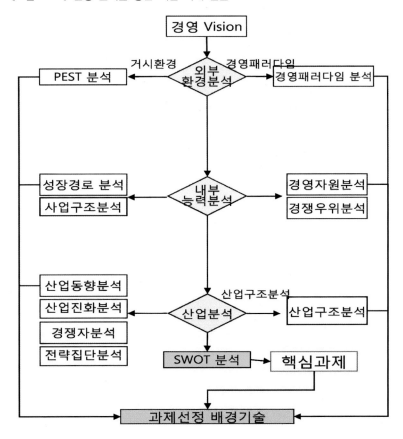

[그림 A-5]에서 가운데 노랑 마름모는 분석의 순서이고 그 좌우에 붙은 항목들은 도구들을 나타낸다. '외부 환경 분석 → 기회/위협', '내부 능력 분석 → 강점/약점', '산업 분석 → 기회/위협, 강점/약점'을 얻게 되며, 이들 산출물들은 'SWOT 분석'의 '입력'이 되어 최종적으로 '핵심 과제'가 발굴된다. 참고로 '핵심 과제'가 지향하는 바를 지표화하면 'KPI(Key Performance

Indicator)'가 된다. 그러나 실제 기업에서 이와 같은 모든 과정을 거쳐 '핵심 과제(또는 KPI)'를 뽑는 일은 매우 드물다. 많은 자원과 비용이 투입돼야 하고 또 결과도 그렇게 낙관적이질 못하다. 왜냐하면 기업은 매 생존을 위해 각 부문별로 환경 변화를 감지할 안테나를 높게 세우고 있기 때문에 상당한 수준의 정보를 실시간 확보하고 있는 경우가 대부분이다. 따라서 모든 정보를 활용하기보다 취약하거나 중요한 부분만 선택해서 이용하는 것도 좋은 방법이다.

'VOB → KPI'가 완성되면, 다음은 [그림 A-3]에서 논의된 'VOC → CCR → CTQ'의 전개가 필요한데 도구로는 'QFD(Quality Function Deployment)'를 사용하나 용법 설명은 생략한다. 또 나머지 하나인 'VOP → Core Process → CTQ'는 '프로세스 분석', 'COPQ 분석' 또는 'Process FMEA' 등을 통해 구체화될 수 있으며, 이들이 모두 정리된 상황이면 다음과 같이 "고객에 영향이 크고, 자사 성과와 역량을 극대화시킬 조건"의 'Big Y'를 선정한다.

[표 A-1] 회사 'Big Y 선정' 예

관점	Big Y 선정 유형	KPI/CTQ 선정용 사용 도구	Big Y
전략	VOB → KPI	BSC, 환경 분석용 도구	1. 원가 경쟁력
고객	VOC → CCR → CTQ	QFD	2. 기술 경쟁력
내부 역량	VOP → Core Process → CTQ	프로세스 분석, COPQ 분석, P-FMEA	3. 영업 이익 4. 사업 글로벌 수준 …

'Big Y'가 결정되면 그들의 '현 수준'과 '목표 수준'을 규정해야 하며, 이 작업을 위해 내부 2차 자료의 활용이나 설문, 임원들의 의사 결정 등이 필요하다. '현 수준'과 '목표 수준'은 표에서 생략하였다.

② CTQs 하향 전개

앞서 선정된 'Big Y'들에 대해 리더들이 과제를 수행할 수 있는 규모로 쪼개는 과정이 필요하며, 우선 특성 관점에서 하향 전개를 한 뒤 작업이 완료되면 특성들을 이용하여 과제명을 만든다. 이와 같은 하향 전개 과정을 'CTQ Flow－down(또는 CTQ Drill－down, CTQ Break－down, CTQ Tree)'이라고 한다. 하향 전개는 'Logic Tree'의 기본 원리를 따른다(도구의 상세한 설명은 「Be the Solver_정성적 자료 분석(QDA)」편의 'Tree Diagram'을 참조 바람).

'Logic Tree'의 유형[8])은 구조나 체크 리스트를 찾는 'What Tree(어떤 작업이 수행되어야 하는가?)', 해결책을 찾을 목적의 'How Tree(어떻게 해야 하는가?)', 원인을 찾을 목적의 'Why Tree(왜 이런 문제가 발생하는가?)'로 구분되며, 이들 중 'CTQs 하향 전개'에는 첫 번째와 두 번째 유형인 'What Tree' 및 'How Tree'가 적합하다.

'Logic Tree'를 원칙대로 적용하면 'MECE(Mutually Exclusive, Collectively Exhaustive)',[9]) 즉 '중복되지 않고 누락되지 않는' 구조가 필요한데 어떤 경우가 'MECE'한 것인지 판단에 어려움이 따른다. 이에 'Big Y'로부터 브레인스토밍을 통해 'What Tree'와 'How Tree'로 하위 CTQs를 발굴한 뒤 '친화도법'[10])을 이용해 묶어나가는 방법이 권장된다. 이때 앞뒤 간에는 '인과 관계'를, 위아래는 'MECE 여부'를 확인한다. 다음은 이 과정을 거쳐 산출된 'CTQ Flow－down'을 나타낸다(고 가정한다).

---

8) (서적) "맥킨지식 문제 해결 로직트리", 이호철 지음, 어드북스

9) 우리말로는 '미시'라고 발음한다.

10) '친화도법(Affinity Diagram)' 또는 'KJ Method'는 발굴된 아이디어들을 유사성이나 연관성에 따라 재분류하는 도구이다.

[표 A-2] 'CTQ Flow-down' 예

Big Y	Flow-down(1st)	Flow-down(2nd)	···	Flow-down(n th)
영업 이익 (20% ↑)	영업력 (판매 30% ↑)	판매량(+40만) Market Share(28%) 신규 수주량(+16만) 전략 제품 수익성(20억) ···	···	D제품 북미 판매량 D제품 남미 수주량 L상품 인도 M/S 신 고객 수주량 B특수품 영업 이익 ···
	차별력 (신제품 판매30% ↑)	신제품 출시 주기(4.3월) 신제품 수주량(9만) ···	···	신제품 인지도 포트폴리오 대응력 단기 수주액
	고객 만족도 (CS 4.0 ↑)	납기 준수율(95% ↑) 수주 견적 정확도(3회 이내) 클레임 처리 만족도(3.5 ↑)	···	K제품 납기 준수율 북유럽 납기 준수율 재견적률 시장 불량률 ···
···	···	···	···	···

n번째까지 하향 전개하면서 앞뒤 간 '인과 관계'와 상하 간 'MECE' 여부를 확인했다면 과정이 적절하게 수행된 것으로 간주한다. 사실 이 단계는 'Big Y' 성격이 전사 공통으로 묶이는지 또는 특정 사업부나 부문에 한정되는지 등에 따라 참여 인력이나 'Big Y'의 배분이 결정된다. 이 부분에 대해서는 처한 상황에 따라 대처하는 것으로 하고 세부적인 설명은 생략한다. 또 [표 A-2]의 '현 수준'과 '목표 수준' 및 'CTQ Tree'에 대한 검증은 마친 것으로 가정한다.

③ 잠재 과제를 발굴한다.

[그림 A-2]의 발굴된 과제들을 대상으로 '우선순위 판정'을 거치면 해야 될 것과 그럴 필요 없는 것들, 또 빨리 해야 될 것들이 결정된다. 따라서 이 단계에 나열된 과제들은 어디까지나 '잠재'된 과제들이다. 과제 발굴은 [그림 A-2]

의 최종 열(Flow-down n번째)에 속한 'CTQ'들을 활용하며, 하나의 'CTQ'에 여러 잠재 과제가 발굴될 수 있다. 다음과 같은 문장 형식으로 정리한다.

*OOO*를 *통한* (*지표명*)을 (*목표치*)로 향상(또는 감소)
(예) 신규 시장 공략을 통한 D제품 판매액 20억 달성   (A.1)

상위 'CTQ'의 목표 수준을 만족시키기 위해 정합의 관계가 형성되려면 과제 확정 시 많은 논의가 필요하다. 또 과정 중 'CTQ'의 변경이나 추가, 누락 등의 가능성도 열어둔다. 최종 발굴된 잠재 과제 목록은 생략한다.

④ 과제 우선순위를 판정한다.
단순히 '우선순위'라 함은 실행의 순위를 말하지만 여기서는 발굴된 과제들의 변경이나 가감의 활동도 포함한다. 어디까지나 '잠재 과제'이지 확정된 것은 아니기 때문이다. 다음과 같은 기준을 근거로 판단하지만 회사별 별도의 잣대가 있다면 그것을 적용한다.

[표 A-3] 과제 우선순위 '판정 기준'과 평가 예

평가 기준(1, 3, 9점 척도) 잠재 과제	필수 기준						선택 기준			합계
	고질적인가?	재무성과가 큰가?	수행 기간이 4개월 이내?	성공 가능성이 높은가?	측정 가능한가?	잠재적 영향도	과제 긴급도	RISK 평가 여부	변화에 대한 저항 극복	
기존 거래선을 통한 D제품 북미 판매량 15% 향상	3	9	3	3	9	3	3	9	9	57
신규 고객 확보를 통한 D제품 남미 수주량 15천 달성	9	9	3	1	1	1	9	3	3	39
용도 개발을 통한 L상품 인도 M/S 13% 달성	3	9	1	9	3	9	1	9	3	47

환거래를 통한 B제품 영업 이익 변동률 ±5% 유지	1	3	9	3	1	3	9	1	1	31
홍보 수단 강화를 통한 전략 제품 인지도 30% 향상	1	3	9	1	9	1	1	3	9	37
프로세스 개선을 통한 납기 준수율 20% 향상	3	1	9	3	3	3	1	9	3	35
병목 단계 개선을 통한 견적 L/T 50% 단축	3	1	9	9	3	3	1	3	9	41
…	…	…	…	…	…	…	…	…	…	…

이 단계에서 팀원들의 많은 논의가 필요하다. 여기선 [표 A−3]과 같이 우선순위 하는 정도에서 마무리한다.

⑤ 방법론, 과제 구분, 리더를 결정한다.

수행할 과제들에 대해 우선순위가 결정되면 '문제 해결 방법론', 과제 구분 (난이도 상/중/하 등), 리더를 결정한다. 여기까지 정리되면 각 리더별 '과제 기술서'를 작성해서 사업부장과 최종 검토한다. '과제 기술서'에 대한 예시는 「Be the Solver_프로세스 개선 방법론」편 등을 참조하기 바란다.

'Big Y 전개형'은 과제를 만들어낼 원천인 '회사 전략', '고객', '내부 역량' 모두가 포함돼 있고, 그로부터 마련된 'Big Y'를 토대로 하향 전개되는 만큼 전형적인 'Top−down'의 원 의도를 그대로 잘 반영한다. 또 [표 A−1]과 같이 각 원천별로 '환경 분석 도구', 'QFD', '프로세스 분석', 'COPQ 분석', 'P −FMEA' 등 분석 도구들도 명확하게 대응하고 있어 이론적 접근과는 분명 거리가 있다. 그러나 막상 기업에서 실천하기엔 다양한 어려움에 봉착하는 게 현실이다. 예를 들어 회사의 단기, 중장기 전략을 짜기 위해 환경 분석이 전제되는 만큼 이를 주관할 전문 조직이 있어야 하고 거기엔 막대한 시간과 자원이 투입돼야 한다. 또 '환경 분석' 하나만 놓고 보더라도 필요한 내용을 찾아 원하는 수준의 포맷으로 구현하는 작업도 만만치 않으려니와 설문, 내부 역량 분석 등도 따지고 보면 매우 규모 있는 활동들에 속한다. 그 외에 하향 전개 역시 말로는 '인과 관계 또는 상관관계'와 'MECE'의 원리에 입각해 수행토록 안내하지만 상위 목표 값과 정확히 정합의 논리로 구현해내는 데는 분명 한계가 있다. 최악의 경우 하향 전개의 틀만 남고 실제는 알고 있는 항목들만 죽 나열하는 부작용도 나타난다. 과정은 'Bottom‒up'인데 모양만 'Top‒down'이 될 수 있다는 얘기다. 이런 부분은 '개요'에서 언급했듯이 '진정성의 문제'로 귀결되는 게 보통이다.

2. BSC(Balanced Scorecard) 접목형

'BSC'는 네이버 용어사전에서 다음과 같이 요약하고 있다.

> ・**BSC(Balanced Scorecard)** 균형성과평가제도. 기업의 사명과 전략을 측정하고 관리할 수 있는 포괄적인 측정 지표의 하나로서 1992년 컨설팅 회사인 '르네상스 솔루션'과 '하버드 비즈니스 스쿨'이 공동 개발했다. 대부분의 기업이 회사의 성과를 평가하기 위해 매출액이나 수익 등의 재무 지표를 활용하고 있다. 그러나 매출이나 수익 등의 재무적 지표만으로 기업의 장기적 성과까지 측정하기 힘들다. 재무적 지표는 경영전략과 연관되어 있지 않고 과거의 정보이며 사후적 결과만을 강조하기 때문에 미래 경쟁력에 대한 지표로 활용되기 힘들었다. 반면 BSC는 재무적인 측면과 더불어 고객, 내부 프로세스, 학습과 성장 등 기업의 성과를 종합적으로 평가하는 균형 잡힌 성과측정기록표이다. 현재의 기업 상황을 평가하는 것뿐만 아니라 미래에 대한 경고등 역할을 하며 사업전략을 세울 때 중요한 정보로서 역할을 수행한다.

'위키 백과(English)'는 'BSC'의 최초 창시자를 1987년 반도체 회사 'Analog Devices'에서 프로세스 관리 컨설턴트로 활동한 'Art Schneideman'으로 설명한다. 'BSC'의 탄생 배경이 회사의 성과가 비회계적 성과, 즉 '고객', '프로세스', '학습' 등의 영향을 제외한 기존의 회계적 측정만으론 한계가 있다는 데 기초한다. 또 재무적 측면이 단기적 성향을 띠는 데 반해, '고객', '프로세스', '학습' 등의 평가는 기업의 장기적 성향까지 반영할 수 있는 장점이 있다. 회사는 'KPI(Key Performance Indicator)'를 도출하며, 'KPI' 각각은 원하는 수준의 전략적 목표가 할당된다. 이때 각 사업부의 성과가 'KPI'와 연동됨으로써 전체가 한 방향으로 나아가는 관리 체계가 완성된다. 이런 'BSC'의 성향을 고려할 때 경영 혁신의 2세대, 즉 성과 극대화를 위한 'Top-down' 논조에 잘 들어맞는다. 다음은 'BSC'의 구성 요소들이다.

[그림 A-6] 'BSC'의 구성 요소

□ 재무적 관점 ; Financial Perspective
□ 고객관점 ; Customer Perspective
□ 프로세스 관점 ; Internal Process Perspective
□ 학습과 성장관점; Learning & Growth Perspective

　'BSC 모델'은 조직의 성과를 측정하는 방법뿐만 아니라, 정보시스템의 품질, 인사 평가시스템 내 부서나 팀을 평가하는 체계로도 쓰인다. 경영 혁신을 위한 과제들이 회사의 전략과 일치되고, 또 각 사업장과 부서를 거쳐 개별 직원들의 활동으로 목표가 달성되는 만큼, 'BSC'의 운영 체계와 잘 결합된다면 '과제 선정'부터 운영, 결과에 대한 성과 평가까지 손쉽게 이루어지는 결과를 낳는다. 왜 '과제 선정'에 'BSC 접목형'이 활용되는지 충분히 이해가 가는 대목이다. 그러나 다음과 같은 제약도 존재한다.

① 기업 내 'BSC 운영 체계'가 있어야 한다는 것('BSC 운영 체계'가 없으면 과제 선정 때 BSC의 기본 원리만 응용할 수 있으나 그 효용성에 대해선 의문이 따른다).

② [그림 A-6]의 구성 요소들 중 달성하기 쉬운 항목에 사업부 관리자들이 점수를 높게 줌으로써 혁신적인 과제 발굴을 가로막는 장애로 작용할 수 있다. 이 부분은 '진정성' 측면에서 이해돼야 한다.

이제 용법에 대해 간략히 알아보자. 다음 [그림 A-7]은 과제 선정을 위한 개요도를 나타낸다(그림 번호와 단계 번호를 연계해서 읽기 바람).

[그림 A-7] 'BSC 접목형'의 과제 선정 개요도

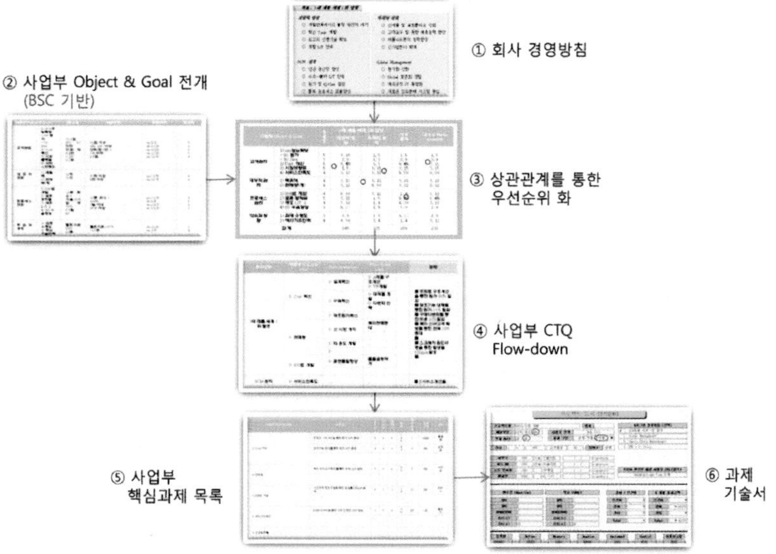

① 회사 경영 목표 및 방침 설정

'회사 경영 방침'은 단기나 중기의 나아가야 할 방향과 목표 등을 규정짓는 일이므로 과제 선정 단계보다 훨씬 이전에 정립된다. 시장에서 상품이나 서비스로 승부를 거는 기업이면 당연히 기획하는 내용이다. 따라서 현 단계에선 이미 존재하는 것으로 간주한다. 다음은 단기/중기 경영 방침 예이다. 각 항목별 목표는 생략하고 전체 목표만 예시하였다.

[그림 A-8] '회사 경영 목표 및 방침 설정' 예

목표: 3대 제품 세계 1위 달성

개발력 향상
- ○ 개발 단계에서 불량 원천적 제거
- ○ 혁신 Tools 개발
- ○ 최고의 선행 기술 확보
- ○ 개발 L/T 단축

마케팅 강화
- ○ 신제품 및 포트폴리오 강화
- ○ 고객요구 및 동향 예측능력 향상
- ○ 제품수요분석 능력 향상
- ○ 신사업 분야 확대

SCM 정착
- ○ 양산 생산성 향상
- ○ 수주~출하 L/T 단축
- ○ 원가 및 Q-Cost 절감
- ○ 물류 프로세스 효율 향상

Global Management
- ○ 현지화 강화
- ○ Global 표준화 정립
- ○ 해외 공장 IT 통합화
- ○ 새로운 성과 분배 시스템 도입

② 사업부 Object & Goal 전개(BSC 기반)

각 사업부에서 앞으로 나가야 할 방향과 목표를 설정하는 단계다. 'Object'와 'Goal'은 뜻은 비슷하지만 일반적으로 집중해서 해야 할 일은 'Object', 각각에 수치 목표를 설정하면 'Goal'이 된다. 물론 장단기 또는 위아래 간 계층적 구분으로 나누어 쓰이기도 하지만 본문은 일반적 정의를 따를 것이다.

'Object & Goal 전개'는 소제목에 쓰여 있듯이 'BSC'에 근거한다. 'BSC'를 구성하는 항목들은 [그림 A-6]에 나타낸 바와 같이 '고객 관점', '재무적 관점', '프로세스 관점', '학습과 성장 관점'이며, 따라서 사업부의 'Object & Goal'들은 'BSC' 네 개 항목들에 균형 있게 포함되도록 전개한다. 다음은 회사 내 L사업부의 'Object & Goal 전개' 예이다(로 가정한다).

[표 A-4] 사업부 'Object & Goal 전개' 예

사업부 Object & Goal		현 수준	목표수준	달성시점	중요도
고객관점	1) ooo성능확보 　- 00 평가 　- 00 Size 2) Cost 혁신 3) 시장불량률 4) 서비스만족도	70.8점 26x90 이하 단위당 9.4만 7.3% 3.2점	90점 이상 26x100 이상 단위당 5만 ↓ 3% 이하 4.0점	xx.6/E xx.12/E xx.12/E xx.12/E xx.12/E	5 3 5 5 4
재무적 관점	1) 매출액 2) 판매량(개)	12억 12천	30억 이상 6만 이상	xx.12/E xx.12/E	4 4
프로세스 관점	1) 000법 개발 2) 표준 정착률 3) 제조 L/T ↓ 4) 00 수율향상	16분, 횟수 6 기술10%, 업무70% 8.3일 68%	10분, 회수 3 100% 5일 이내 93% 이상	xx.10/E xx.9/E xx.10/E xx.12/E	4 5 4 3
학습과 성장	1) 과제 수행도 2) 핵심기술인력	리더기준 65% 23명	리더기준 100% +15명	xx.12/E xx.3/E	3 4

해야 할 일들이 단기적 목표면 당연히 연간 계획하에 포함되지만, 장기(예로 3년 뒤 목표)라 하더라도 3년 뒤 목표 달성을 위해 당해 연도 준비해야 할 핵심 활동들은 여전히 존재한다. 이 때문에 [표 A-4]의 열 제목들 중 '달성 시점'은 모두 당해에 한정한다. [표 A-4]는 "금 나와라 뚝딱, 은 나와라 뚝딱"하면 정리돼서 "탁" 하고 눈앞에 나타나는 결과물은 아니다. 사업부에서

'BSC 체계'에 맞는 신중한 절차를 통해 얻어질 것이나 그 과정은 수행된 것으로 가정한다.

③ 상관관계를 통한 우선순위화

앞서 진행된 '①'과 '②'에서의 결과를 매트릭스에 입력해서 상관성을 평가한다. 평가 목적은 'BSC 네 개 항목'들에 속한 '사업부 방침'들 중 '회사의 경영 방침'과 잘 부합되는 것들을 골라 우선순위를 부여하기 위함이다. 이 과정을 거쳐 순위가 높게 나타난 항목들은 사업부의 '핵심 활동'으로 규정하고 특별 관리한다. 다음은 평가의 예이다.

[표 A-5] 상관관계를 통한 우선순위화 예

사업부 Object & Goal		중요도	3대 제품 세계 1위 달성		SCM 정착	Global Management
			개발력 향상	마케팅 강화		
고객관점	1) ooo성능확보 - 00 평가	5	3, 15	1, 5	1, 5	1, 5
	- 00 Size	3	3, 9	1, 3	3, 9	3, 9
	2) Cost 혁신	5	9, 45	1, 5	9, 45	3, 15
	3) 시장불량률	5	1, 5	3, 15	3, 15	3, 15
	4) 서비스만족도	4	3, 12	3, 12	9, 36	9, 36
재무적 관점	1) 매출액	4	3, 12	3, 12	3, 12	3, 12
	2) 판매량(개)	4	3, 12	9, 36	3, 12	3, 12
프로세스 관점	1) 000법 개발	4	9, 36	3, 12	1, 4	3, 12
	2) 표준 정착률	5	3, 15	1, 5	9, 45	9, 45
	3) 제조 L/T ↓	4	3, 12	1, 4	9, 36	3, 12
	4) 00 수율향상	3	9, 27	3, 9	3, 9	3, 9
학습과 성장	1) 과제 수행도	3	3, 9	1, 3	9, 27	3, 9
	2) 핵심기술인력	4	9, 36	1, 4	1, 4	9, 36
합 계			245	125	259	227

[표 A-5]의 맨 아랫줄 '합계'로부터 이 사업부는 '회사 방침' 중 '개발력

향상(245점)' 및 'SCM 정착(259점)'과 강한 상관관계를 갖고 있음이(적절한 결론인지 의사 결정권자와 협의가 필요함), 또 표내 굵은 글자체(빨간색, 파란색, 분홍색 순으로 중요) 항목들이 우선순위가 높은 '사업부 핵심 방침'들임을 확인할 수 있다.

④ 사업부 CTQ Flow-down

앞서 선정된 우선순위가 높은 '사업부 핵심 방침'들에 대해 세분화 작업을 수행한다. 이들은 규모가 큰 항목들이므로 실현시키기 위해선 수행 가능한 수준으로 쪼개는 과정이 필요하다. 다음은 그 예이다.

[표 A-6] 'CTQ Flow-down' 예

회사방침	사업부 Object &Goal	Flow down(1st)	Flow down(2nd)	…	과제
3대 제품 세계 1위 달성 (개발력 향상/ 마케팅 강화)	▷Cost 혁신	▷설계혁신	▷A제품 구조개선 ▷VE개발	…	■ 주 회로 구조 개선을 통한 원가 30% 절감 ■ 보조 기능 대체를 통한 원가 15% 절감 ■ 구매 다변화를 통한 비용 20% 절감 ■ 북미 신규 고객 확보를 통한 판매 10% 증대 ■ … ■ 스크래치 원인 규명을 통한 발생률 100ppm 달성
		▷구매혁신	▷대체품 개발 ▷다변화 전략		
		▷제조원가혁신	…		
	▷판매량	▷신시장 개척	북미판매증대 …		
		▷타 용도 개발	…		
		▷…	…		
	▷000법 개발	▷표면품질향상	돌출결정제거		
		…	…		
SCM 정착	▷서비스만족도	…	…	…	■K서비스개선을…

⑤ 사업부 핵심 과제 목록화

[표 A-6]에서 과제들의 윤곽이 잡히면 그들 간 우선순위를 평가해 성과의

획득 수준, 자원의 배분 파악, 회사 방침과의 연계성 등을 확인한다. 물론 우선순위가 높은 순으로 과제 수행에 따른 관심과 지원도 결정된다. 다음은 핵심 과제 우선순위 예이다.

[표 A-7] '핵심 과제 우선순위' 예

사업부 Object & Goal	과제명	중요도	긴급도	영향도	종합	우선 순위	과제 구분	리더
▷Cost 혁신	주 회로 구조개선을 통한 원가 30% 절감	5	4	5	100	1	설계	홍길동
	보조기능 대체를 통한 원가 15% 절감	4	4	5	80	9	Quick	남향길
	…	…	…	…	…	…	…	…
▷판매량	북미 신규 고객 확보를 통한 판매 10% 증대	5	4	4	80	9	개선	박찬오
	…	…	…	…	…	…	…	…
▷OOO법 개발	스크래치 원인 규명을 통한 발생률 100ppm 달성	5	2	3	30	37	개선	김여나
	…	…	…	…	…	…	…	…
▷서비스만족도	K서비스 개선을 통한 고객 만족도 20% 향상	3	5	4	60	17	Quick	홍서번
	…	…	…	…	…	…	…	…
▷표준 정착률	…	…	…	…	…	…	…	…

⑥ 과제 기술서 작성

[표 A-7]에서 결정된 과제들에 대해 '과제 기술서'를 작성한다. 이는 사업부장과 팀원들과의 내용 공유를 목적으로 하며, 최종 확정된 사안들에 대해선 PMS(Project Management System)에 등록한다. '과제 기술서' 양식 및 작성 례에 대해선 회사별 절차를 따르거나 「Be the Solver_프로세스 개선 방법론」편과 「Be the Solver_제품(또는 프로세스) 설계 방법론」편 등의 Define Phase 를 참조하고 별도의 설명은 생략한다.

'BSC 접목형'은 과제들이 '재무성과'에 집중되거나 지나치게 강조되는 듯한 모양새를 줄여주는 좋은 접근법들 중 하나이다. '재무적 관점' 외에 '고객, 프로세스, 학습과 성장'을 포함하고 있기 때문이다. 또 '회사 방침(또는 전략)'이 사전에 마련돼 있는 점도 긍정적이다. 왜냐하면 수행 과제를 발굴하기 위해 회사 전략까지 매번 들먹이는 것도 부담스러운 게 현실이다. 단점도 있다. 각 사업부에서 '사업부 Object & Goal'과 '회사 방침' 간 상관성을 따질 때 연계성 확인이나 우선순위 파악보다 정해진 표를 그냥 채워놓는 활동으로 마무리짓는 일이다. 이 역시 '진정성 결여의 문제'로 해석되는 대목이며 현업에서 자주 발생되는 부작용 중 하나이다.

3. '목표 전개'와 '역량 강화성 전개' 혼합형

이 유형은 나름 현실적이고 접근성도 뛰어난 특징이 있다. 몇 년 전 모 대기업에서 차년도 과제 도출 때 당해 연도 재무성과가 중요한 관심사였고 그와 함께 중기 목표 달성을 위해 조직의 역량도 강화시킬 것임을 강하게 주문하였다. 이미 그 기업의 중장기 전략상 3년 이후 목표 매출과 이익 등이 마련돼 있었으므로 1년차인 당해 연도엔 그를 달성하기 위해 필요한 조직 내 역량들을 찾아 무장시켜야 하는 지극히 합리적이고 당연한 전략적 의도가 깔려 있었다. 따라서 이 경우 당해 연도 재무목표를 달성할 재무성과 과제와, 중기 목표를 위한 역량강화성 과제들이 분리돼서 발굴될 필요성이 대두되었다. 이때 활용된 방법이 바로 '혼합형'이다. 본 유형은 두 방법을 필요에 의해 하나로 합친 것인데 결과적으로 상호 보완적 관계를 유지하며 의미 있는 접근법으로 활용되었다. 방법론의 개요도는 다음 [그림 A-9]와 같다.

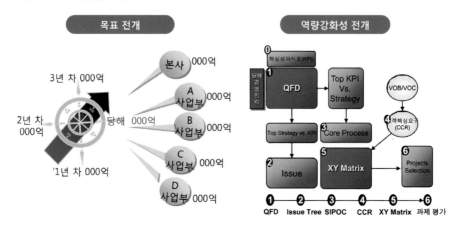

우선 '**목표 전개**'를 보자. 회사에서 과제 발굴 초기에 이미 당해 연도 달성해야 할 목표액(매출, 영업 이익, 순이익 등)이 마련돼 있으며, 따라서 사업부별 또는 기능부서별 목표액을 할당하면 나머지는 각 사업부나 기능부서에서 '하위 CTQ'나 '하위 과제'로 세분화하는 일만 남는다. 가장 큰 장점은 목표액이 명확하게 계량화돼 있으므로 정합의 논리가 성립되며, 과제 유형이나 규모 역시 조정이 가능하다. 예를 들어 10억을 할당받았다면 연간 비용을 줄이든 생산성을 높이든 돈이 되는 일이면 모두 과제가 될 수 있으며 투입될 자원 규모에 따라 과제를 잘게 쪼개거나 합치는 일도 가능하다. 특히 할당받은 목표액이 혁신적인 경우(감당할 수 있는 액수보다 훨씬 높은 경우), 할 수 있는 수준의 과제만으론 목표 달성이 어려우며 이때 기존의 사고를 뛰어넘는 기발한 아이디어성 과제들이 발굴되기도 한다. 즉 예상보다 훨씬 높은 수준의 목표를 제시하면 기존의 틀을 벗어나려는 진정한 의미의 접근(진정성이 발휘되는 기회로 작용)이 이루어진다. 물론 참여 인력의 스트레스나 불만이 고조되므로 취지를 충분히 알리고 동기부여가 될 인센티브 제시 등의 제도 활용을 동반하면 큰 도움이 된다. 다음 [그림 A-10]은 하향 전개의 예인데 금액의 세분화를 통해 이루어지는 만큼 별도의 설명은 생략한다.

[그림 A-10] '목표 전개' 예

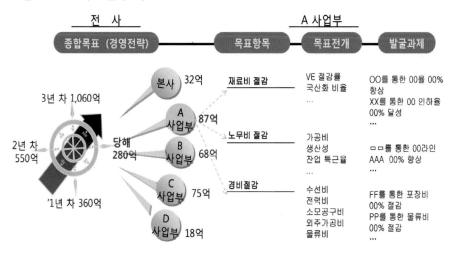

[그림 A-10]은 기업의 당해 연도 달성 목표액이 총 '280억'이며, 그 이듬 해엔 '360억', 2년차엔 '550억' 등 중장기 목표가 설정돼 있다. 그들 중 당해 의 '280억'은 본사 '32억'을 시작으로 A 사업부 '87억', B 사업부 '68억' 등 으로 할당돼 있다. 하부로 전개된 예는 A 사업부의 경우를 나타낸다.

다음 **역량 강화성 전개**'를 보자. 이는 '목표 전개'보다 과정이 좀 복잡하다. 중장기 목표 달성을 위해 당해 연도에 해야 할 활동은 주로 비재무성과, 즉 역량을 강화시키는 활동에 초점이 맞춰진다. 따라서 "우리가 중장기 목표액 달성을 위해 올해 당장 해두어야 할 활동이 뭐지?"란 물음에 봉착할 수밖에 없으며, 어디서부터 시작해야 할지 모르는 상황에 본 방법론이 적절히 활용될 수 있다. 다음 [그림 A-11]은 개요도이다.

[그림 A-11] '역량 강화성 전개' 개요도

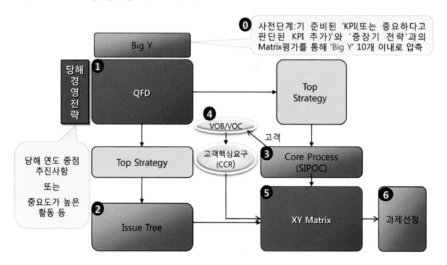

[그림 A-11]에 붙은 번호는 작성 순서를 나타낸다. 또 본 전개의 평가 도구는 'Matrix'이며, 이를 위해 '①의 QFD'와 '⑤의 X-Y Matrix'가 자리한다. 그러나 둘의 기능은 유사하므로 따로 구분할 필요는 없다. 개요도를 간단히 요약하면 우선 '◎ 사전 단계'는 '중장기 전략'을 가장 잘 설명할 'Big Y'를 기존 'KPI'들로부터 선별한 뒤, '①단계'에서 다시 'Big Y'와 가장 연관성이 높은 핵심 활동, 즉 'Top Strategy'를 선별한다. 이어 '②단계'와 '③단계'에서 'Top Strategy'를 통해 하부 활동인 'Issue Tree'와 그와 연계된 'Core Process'를 각각 찾아낸다. 'Core Process'는 실행에 필요한 프로세스 내 취약점을 지적해내기 위한 용도이다. 또 '④단계'는 'Core Process' 안에 정의된 '고객'으로부터 'VOC'를 수집해 '핵심 고객 요구 사항'인 'CCR'을 발굴한

뒤, 지금까지의 결과인 '②③④' 산출물을 '⑤단계: X-Y Matrix'에 넣어 최종 과제를 도출(⑥단계)한다. 각각에 대해 좀 더 자세히 알아보자.

◎ 0단계: 'X-Y Matrix'를 이용해 'Big Y'를 선별한다.

'1단계'의 'QFD' 상부에 입력될 'Big Y'를 찾기 위한 과정이다. 미리 준비될 내용이기 때문에 '0단계'라 명명했다. 앞서도 설명했지만 중장기 경영 목표를 달성하기 위해 당해 연도 해놓아야 할 사항을 찾아내 기반을 마련하는 것이 목적이다. 따라서 이 단계에선 회사의 중장기 전략과 준비된 'KPI'들 간 '상관 분석(Matrix 평가)'을 통해 주요 지표를 선별하는 게 핵심이다. 개요도엔 글로만 표현했으나 대략 다음과 같은 구조로 진행된다.

[그림 A-12] '0단계: Big Y 선정' 개요도

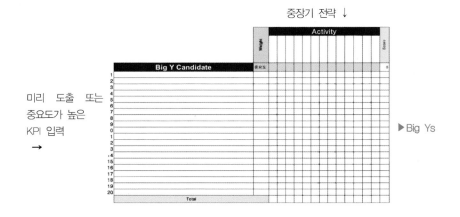

[그림 A-12]는 '중장기 전략'을 가장 잘 설명할 '핵심 KPI' 선별, 즉 'Big Y'를 찾는 예이다.

① 1단계: 'QFD'를 이용하여 'Top Strategy'를 찾는다.

'QFD(Quality Function Deployment)'는 단순히 두 변에 입력된 항목들을 매트릭스 구조로 평가하기보다 입력 항목들의 경쟁사 비교 분석, 특성들의 목표 설정 및 한계 값, 특성들 간 모순 관계 등 다양한 분석적 접근이 가능하다. 그러나 단순한 용도론 [그림 A-11]의 모습처럼 'Big Y'와 '당해 경영 전략' 간 매트릭스 평가만 수행한다. 어떤 용도로 사용할지는 처한 상황에 따라 판단한다.

입력 항목 중 '당해 경영 전략'은 당해 연도 중점 추진 사항이나 중요도가 높은 활동들을 브레인스토밍으로 발굴한다. 이 과정을 통해 'Big Y'들을 가장 잘 설명할 당해 연도 핵심 활동, 즉 'Top Strategy'를 선정한다. 다음은 개요도이다.

[그림 A-13] '1단계: Top Strategy 선정' 개요도

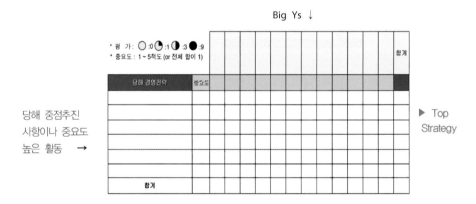

② 2단계: 'Issue Tree'를 이용해 '하위 활동'을 발굴한다.

　'1단계'에서의 산출물인 'Top Strategy'는 '중장기 목표 달성을 위해 당해 연도 마련돼 있어야 할 주요 사항'들이므로 이를 잘게 쪼개는 과정이 필요하다. 그 이유는 현재와 같은 초기 단계에서의 'Top Strategy'는 대개 덩어리가 크므로 내용을 잘 아는 담당자들이 세분화해주지 않으면 어떤 개선을 해야 할지 알기가 어렵다. 'Issue Tree'[11]의 사전적 설명은 다음과 같다.

· **이슈나무(Issue Tree)**　(네이버 백과사전) 맥킨지 컨설팅의 문제 분석 기법의 한 과정으로, 이슈나무는 '이슈', 즉 초기 가설이 옳은지 아닌지를 판별하는 기준이 되는 이슈를 MECE(Mutually Exclusive, Collectively Exhaustive) 원칙에 따라 나무형태로 정리한 것을 말한다. 즉 초기가설을 최상위의 이슈로 해서 하부이슈(Sub-issues)를 계속 나무 형태로 만들어 계층적으로 도식화한 것이다. 여기서 초기가설은 로직트리(Logic Tree) 등을 통해 문제의 범위와 얼개를 파악하고 난 상태에서 일단 해결책을 생각해보는 것을 말한다. 초기 가설은 아직 자세한 사실 관계가 조사되지 않은 단계에서 세우는 것이다.

　보통은 잘 알고 있는 'Logic Tree'[12]와 동일한 용법으로 사용된다. 전개에 대한 자세한 설명은 생략하고, 단지 강조할 사항으로 사업부 전체 또는 'Top Strategy'가 속한 관리 영역 내 모든 팀원들이 함께 완성하는 접근이 필요하다. 그렇지 않으면 협의의 활동만이 발굴되고, 이 결과론 향후 중장기 토대 마련의 충분한 취지를 살리지 못한다. 다음은 전개 예이다.

---

11) 자세한 용법은 「Be the Solver_정성적 자료 분석(QDA)」편 등을 참고하기 바란다.
12) 자세한 용법은 「Be the Solver_정성적 자료 분석(QDA)」편을 참고하기 바란다.

[그림 A-14] '2단계: Issue Tree' 전개 예

		브랜드 가치	브랜드 인지율
			브랜드 이미지
	매출 증대	판매량	점포 개발
			가맹점 일 매출
			판매 경로 다양화
		판매가격	C 사업 군 형성
		운영 효율화	인당 생산성 제고
			OO 원가관리
			재고일수
총 부가가치 극대화	원가 경쟁력	판매 관리비	판매 고정비
			물류관리(변동비)
		인력관리	수퍼바이저 역량
			점포기사 수급
		A본부 수익제고	교육비
			공사 감리 비
	자산 생산성 극대화	채권관리	매출 채권 관리
		총 투자액	점포설비
			인테리어
			점포폐점 관리

이 결과물은 [그림 A-18]의 '5단계: X-Y Matrix'의 입력이 된다.

③ 3단계: 'SIPOC'를 이용해 'Core Process'를 발굴한다.

다시 '1단계'에서의 산출물인 'Top Strategy'로부터 시작한다. 'Top Strategy'는 '중장기 목표 달성을 위해 당해 연도 마련돼야 할 주요 사항'이며, 개선의 시점은 '현재'이고, 대상은 '우리가 무엇을 바꾸어야 하는가?', 즉 '프로세스'가 해당된다. 조직 내 모든 업무는 '프로세스'에서 이루어지므로 결국 중장기 목표 달성에 필요한 역량을 높이려면 프로세스 자체 또는 그 안에 들은 '5M-1I-1E(Man, Machine, Material, Method, Measurement, Information, Environment)'의 기능 향상이 요구된다. 그러나 과제 발굴을 위한 현 시점에

선 'SIPOC(Supply, Input, Process, Output, Customer)' 같은 거시적 프로세스 맵핑을 통해 윤곽을 잡은 후, 한두 단계 더 세분된 맵을 작성하는 선에서 정리한다. 너무 상세한 맵은 팀원들 간 논의를 어렵게 하거나 불필요하게 많은 시간이 소요될 수 있다. 다음은 'SIPOC' 작성 예이다.

[그림 A－15] '3단계: SIPOC' 전개 예

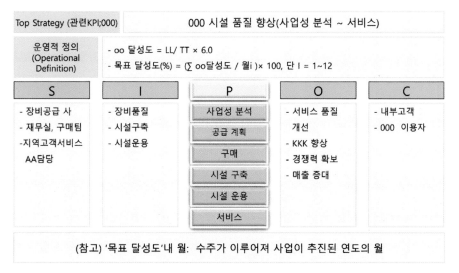

[그림 A－15]의 위쪽 맨 왼편에 있는 '관련 KPI'는 [그림 A－13]의 'Top Strategy'와 상관관계가 높은 'Big Y'들에서 선별해 입력한다. 2개 이상도 가능하나 'Top Strategy'를 충분히 대변하면서 조직 내 관심 프로세스와 연계성이 높은 것을 선택하는 게 바람직하므로 신중을 기한다. 여기서의 핵심은 'P(Process)'에 구성된 '상위 프로세스'로 최소한 '시작 활동(예 경우, 사업성 분석)'과 '끝 활동(예 경우, 서비스)'을 명료히 하는 게 중요하다. 다음은 한 단계 더 세분화한 예이다.

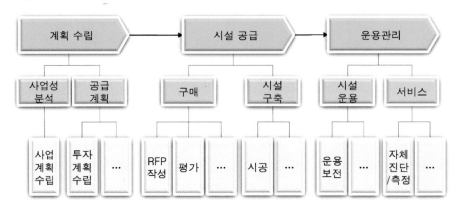

[그림 A-16] '3단계: SIPOC' 세분화 전개 예

[그림 A-16]의 중간 흐름이 [그림 A-15]의 'Process'를 옮겨놓은 것이며, 그 하부로의 세분화는 각 중간 활동별 4개를 넘지 않도록 한다.

④ 4단계: '설문, 브레인스토밍, 2차 자료 등'을 통해 'CCR'을 수집한다.

3단계에서 'Top Strategy'와 관련해 작성된 'SIPOC'([그림 A-15])를 보면 '고객'이 정의돼 있다. '고객'의 범위를 확대하면 전략의 수혜자, 수행자, 관련자 모두가 포함될 수 있으므로 그들의 요구 사항, 불만 사항, 지적 사항, 의견 등을 수집해 'Top Strategy'의 완성도를 높이는 용도로 활용한다. 주의할 점은 참여 인력들이 기존에 알고 있는 수준의 항목들만 끄집어낼 경우 특별히 보완할 내용이 나타나지 않게 되므로 사전에 취지 및 발굴된 내용들의 용도를 명확히 한다. 이 부분도 '진정성'의 문제로 해석된다. 다음 [그림 A-17]은 'CCR 발굴'의 개요도를 나타낸다.

[그림 A-17] '3단계: CCR 발굴' 예

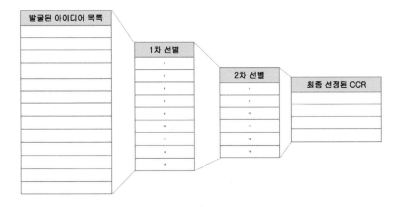

[그림 A-17]의 최초 목록에서 뒤로 갈수록 줄어드는 모습은 중복이나 불필요한 항목들을 제거하기 때문이며 이 과정 중 참여 인력들의 '진정성' 있는 논의가 요구된다. 제거하는 것뿐만 아니라 추가 가능성도 항상 열어둔다.

⑤ 5단계: 'X-Y Matrix'를 통해 '과제 후보'를 발굴한다.

가장 중요한 단계로 볼 수 있다. 과제의 윤곽이 잡히는 순간이기 때문이다. '1단계'에서 사용한 'QFD'와 외관상 쓰임새는 비슷하지만 차이점이 있다. '1단계'는 시작 시점이므로 입력 내용들에 대한 다양한 분석(마치 실제 'QFD'에서 경쟁사와의 비교, 벤치마킹 등을 수행하는 것과 같이)이 가미될 수 있는 반면, 본 단계에서의 'X-Y Matrix'엔 'Issue Tree', 'Core Process', 'CCR'과 같은 앞서 만들어진 산출물들을 그대로 적용한다. 이들을 통해 의미 있는 최종 결과를 만들어야 하기 때문에 어떤 단계보다도 관심과 집중이 요구된다. 다음은 개요도이다.

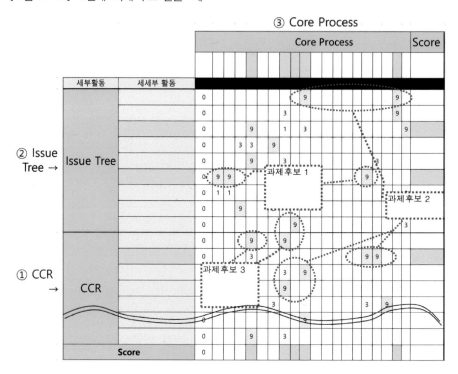

좀 복잡해졌다. [그림 A-18]을 보면, 왼쪽에 '2단계'와 '4단계' 산출물인 'Issue Tree'와 'CCR'이, 위쪽에 '3단계' 산출물인 'Core Process'가 들어온다. 이 개념은 'Big Y 전개형'의 '[그림 A-3]'의 양상과 동일하다. 그 외에 이들 간 상관성이나 연계성 등을 0, 1, 3, 9로 평가해 맨 오른쪽 열과 맨 아랫줄 행에 'Score', 즉 합을 통해 중요 정도를 순위화한다(분홍색 셀들). 발굴될 '과제 후보'는 중요도가 높은 항목들 중에서 '9점'을 중심으로 그들의 조합을 통해 마련될 수 있는데, 예를 들어 '과제 후보 2' 경우 무려 6개의 '9점'을 얻은 항목들을 평가해 과제 후보로 발굴했음을 알 수 있다. 다음은 발굴 과정의 구체적 예를 보여준다(인사 부문).

[그림 A-19] '5단계: 과제 후보 발굴' 예

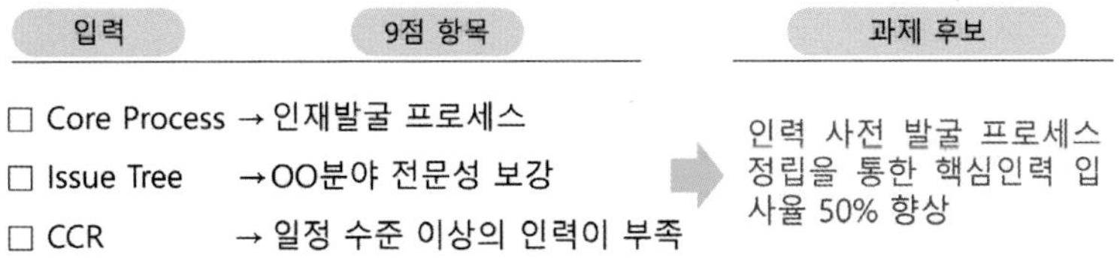

입력	9점 항목	과제 후보
□ Core Process → 인재발굴 프로세스		인력 사전 발굴 프로세스 정립을 통한 핵심인력 입사율 50% 향상
□ Issue Tree → OO분야 전문성 보강		
□ CCR → 일정 수준 이상의 인력이 부족		

⑥ 6단계: 'Multi-voting' 등을 통해 최종 과제를 선정한다.

이미 과제 후보들이 발굴된 상태이므로 이들을 재검토하는 차원에서 우선순위화와 특징들을 살핀다. 또 목적이 같은 과제들을 묶어 '사업부 과제'로 진행할 수도 있다. 다음은 양식 예이다.

[그림 A-20] '6단계: 과제 선정' 예

일련번호	과제 후보	과제선정 평가지표 및 가중치 (Weight)						과제 선정 여부
		고객가치 (3)	재무영향 (3)	전략일치 (3)	실현능력 (5)	개선기회 (5)	합계 (=)	
1								◎(선정)
2								◎(선정)
3								×(기각)
4								
5								

[그림 A-20]에 적용된 '평가 항목'들은 회사 상황별로 설정해 적용한다. 평가를 통한 '과제 선정' 자체보다 본 과정을 거치면서 과제들을 더욱 다듬어

중장기 목표를 달성할 수 있을 것인지 조목조목 따져보는 기회로 삼는다.

「'목표 전개'와 '역량 강화성 전개'의 혼합형」은 재무 창출 과제와 역량 강화성 과제를 분리해서 도출한다는 데 특징이 있으며, 앞서 설명된 'Big Y 전개형'과 'BSC 접목형'에 비해 실무진에서 활용하는 데 좀 더 현실적이고 접근성도 높은 장점을 갖는다. 장단점을 요약하면 다음과 같다.

[표 A-8] '목표 전개와 역량 강화성 전개의 혼합형' 장점, 단점

구분	내용
장점	1) KPI로부터 시작된다는 것 2) 워크숍 참석자들의 의견이 모두 반영될 수 있다는 것 3) 부서 내 해야 할 핵심 활동+VOC+핵심 프로세스상 보완점들이 모두 고려된다는 점 4) 비교적 단계가 많아 참석자들이 될 만한 것들만 조합해서 만들어내는 부작용을 줄여준다는 것(전체 과정을 인지하지 못한 상황에서 주어진 단계에서 해야 할 내용만 신경 쓰게 되므로)
단점	1) 사업부 과제는 역시 사업부장이 뽑아야 하는데, 부서원들이 참여함으로써 눈높이가 낮은 유형들이 나올 가능성이 있다는 것 2) 운영자가 전체 흐름을 꿰 차고 가이드해주지 않으면 중간 중간 산출물들이 부실해지고, 결국 안 한만 못한 결론이 나올 수 있다는 것

4. 'COPQ' 접목형

'COPQ'는 'Cost of Poor Quality'의 첫 자를 따서 만든 용어로 경영 혁신에 한 번이라도 발을 담갔던 사람이면 'CTQ(Critical to Quality)'와 함께 늘 귀에 달고 살아야 할 어구이다. 그만큼 자주 등장한다는 얘기다. 사전적 정의는 위키피디아(영문)에 다음과 같이 요약돼 있다.

· **COPQ(Cost of Poor Quality)** (위키피디아) PQC(Poor Quality Costs)로도 불리며, "시스템과 프로세스, 제품이 완벽할 때 모습을 감추게 될 비용"으로 정의한다. COPQ는 1987년 IBM의 품질전문가였던 H. James Harrington이 쓴 'Poor Quality Costs'를 통해 널리 알려졌으며, 기존에 쓰이던 "Quality Costs(Q-Cost)"를 개량한 개념이다. 1960년대에 IBM은 자사 품질비용을 연구하는 일에 착수했으며, 이때 내부에서 사용할 목적으로 개념을 정립했다. 한편 파이겐바움(Feigenbaum)이 사용한 "Quality Costs"는 기술적으론 정교하지만, 잘 모르는 사람이 보면 좋은 품질의 제품은 생산하기에 더 많은 비용이 든다고 속단하기 쉽다. Harrington은 "Poor Quality Costs"란 명칭을 선호했는데, 이것은 제품불량을 검출하고 예방하는 데 들어가는 투자가 고장을 줄여서 절약되는 금액을 차감한 것보다 더 많을 거란 믿음을 강조하기 위해서였다. (필자) 주로 평가비용(Appraisal Cost), 실패비용(Failure Cost)으로 나뉘며, 다시 실패비용엔 내부 실패비용(Internal Failure Cost)과 외부 실패비용(External Failure Cost)이 있다. 이와 같이 측정이 가능한 비용 외에, 눈에 보이지 않아 측정이 어려운 비용(기회손실비용)까지를 포함하는 것이 현재의 대세다.

'COPQ'의 개념은 눈에 보이든(회계 원리로 계량화가 가능한 경우), 그렇지 않든(시간 지연, 늦은 시장 출시 등으로 나타난 보이지 않는 손실) 완전하지 못해 발생된 상황을 금액 단위로 환산한 경우이다. 학술적 의미를 따지지 않더라도 모든 부적절한 현상을 '돈'으로 표현할 수 있으면 사람, 특히 경영자에겐 큰 매력이 아닐 수 없다. 이런 이유로 사내 모든 완전하지 못한 상황을 나열한 뒤 '돈'으로 따져 우선순위화하면 바로 과제 선정이 되고, 이를 해결하면 확인된 규모만큼의 금전적 손실을 줄일 수 있다. 다음 [그림 A-21]은 눈에 보이는 '품질 비용(Quality Cost, 빙산 위)'과 달리 눈에 보이지 않는 비용(Cost of Poor Quality, 빙산 아래)의 중요성을 강조해 시각화시킨 예이다.

[그림 A-21] 'Q-Cost'와 'COPQ' 개념도

기존의 품질비용(Q-Cost)

5-8%

검사
품질보증   잔 폐물
불합격   재 작업

개발지연   설계변경   부품의 증가
금형수정   자가판매   제품재고   제품폐기
과다 표본 제작   품질비용할인 중복작업(시스템 & 수작업)
불용자산 보유   **Lost Opportunity**   제품의 무상서비스
자재손실   소송비용   고객불만처리비용
과도한 생산 설비   비축자재의 단가하락
불만 무마 협상비용   재작업   고가 구매   급송 물류
상위 운반선 사용   충성고객 이탈

15-20%   불분명한 비용(COPQ)

[그림 A-21]을 보면 '불분명한 비용'이 매출의 약 15~20%를 차지하는데 이 규모를 줄인다는 의미는 내부 효율화만으로도 매출과 동등한 성과를 올릴 수 있다는 얘기다. 'COPQ 접목형'이 과제 선정에 중요한 이유이다.

'COPQ 접목형'은 이미 'Big Y 전개형'의 [그림 A-2]에서 일부 언급한 바 있으나 당시 자세한 설명은 생략했었다. 이 유형은 사내 모든 'COPQ'를 정의 하고 가지 구조(Tree)를 만들어 과제 선정 및 관리를 큰 규모의 시스템으로 운영하는 회사부터, 엑셀 등의 소규모로 운영하는 회사까지 다양한 접근이 시 도되었고 또 되고 있다. 이 중 내용 전개가 수월한 비교적 규모가 작은 접근 법을 통해 'COPQ 접목형'을 소개하고자 한다.

필자는 사내 모든 'COPQ 발굴'과 그들의 구조화, 또 이를 통한 '과제 선정' 을 목표로 모 기업의 프로젝트 컨설팅에 단독으로 참여했었다. 물론 각 사업부 별로 한두 명의 인력이 주기적 회의와 발굴에 참여토록 선발이 된 상태였으므

로 추진엔 큰 어려움이 없었다. 다음은 수행 과정을 간단히 나열한 것이다.

① 'COPQ'를 발굴한다.

사실 전사의 'COPQ'를 발굴하기 위해선 사전에 준비될 사항이 한두 가지가 아니다. 각 부서별 프로세스를 충분히 이해할 중견 인력들이 선발돼야 하고, 또 그들에겐 'COPQ'에 대한 기본적 이해가 있어야 한다. 실제 발굴에 들어가면 전체 트리 구조를 어떤 분류로 구성할 것인지에 대해서도 고민해야 하는데 이것은 향후 관리의 편리성도 따져서 설계돼야 한다. 이 모든 것을 여기서 표현하는 것은 범주에서 많이 벗어나므로 모두 정립됐다고 가정하고 결과적으로 다음과 같은 트리 구조를 완성하였다(고 가정한다).

[표 A-9] 'COPQ' 발굴 예

대분류	중분류	소분류	세부 항목
사내 손실비용	생산 손실비용	재작업 손실비용	설정값 재조정 비용
			…
		생산수율 저하 손실비용	고정비용
		…	…
	재고관리 손실비용	제품재고 손실비용	과잉재고 손실비용
		…	…
	개발 손실비용	제품개발 지연비용	신제품개발 지연비용
			…
		Sample 손실비용	Sample 폐기비용
	…	…	…
사외 손실비용	고객 불만 처리비용	불량반품 처리비용	원인 분석비용
		기회 손실 비용	거래중지 손실비용
	…	…	…
관리 손실비용	구매 관리 손실비용	원재료 수급 손실비용	수입품 원재료 환차손
		…	…
	물류관리 손실비용	위탁차량 운송비용	긴급 출하비용
…	…	…	…

기본적으로 표준 분류를 제공하는 출처도 있으나 자사에 맞도록 정의하는데 각고의 노력이 필요하다. 금융 등 서비스 분야에선 눈에 보이는 제품이 없으므로 주로 프로세스의 비효율적 요소들이 'COPQ 항목'으로 거론된다. 대표적인 기본 항목들이 '시간', '만족도'와 결부된 경우가 많은데 이들을 '돈'의 단위로 환산한다는 접근 자체에 큰 의미를 부여한다. 특히 생명보험사 등은 '만족도' '1점' 향상이 매출에 어느 정도 기여하는지 관리하고 있는 경우가 많다. "제조와 달리 제품이 없어 COPQ의 접근은 우리에게 안 맞다!"로 항변하는 일은 자제해야 한다. 'COPQ'의 항목 발굴과 분류는 하늘에서 뚝 떨어지지 않는다는 점을 반드시 명심하자.

② 연계된 'CTQ'를 확인하거나 새롭게 정립한다.

이 단계 역시 'Big Y 전개형'의 [그림 A-2]를 보면 쉽게 알 수 있다. 미국 컨설팅 회사인 Qualtec社 자료에 다음 [그림 A-22]와 같은 표현이 실려 있다.

[그림 A-22] 세 특성의 '3각 관계'

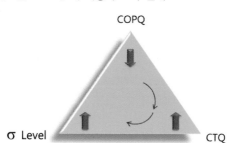

세 특성인 'COPQ', 'CTQ', 'σ Level'들은 '3각 관계(Triangle Link)'로 묶여 연동하며, 이때 'COPQ'가 줄면, 'CTQ'는 증가하고 더불어 'σ Level' 역시

증가하는 불가분의 관계에 놓인다. [그림 A-22]의 관계도에서 문제 해결 활동은 모든 프로세스의 'σ Level'이 높아지는 쪽으로 벌어지기 때문에 과제 선정에 있어 'COPQ'적 접근은 타당하며, 또 'σ Level'이 높아지기 위해선 '특성(CTQ)'이 존재해야 하므로 'COPQ → CTQ'로의 전환 필요성도 예견된다. 'COPQ → CTQ'로의 전환을 위해 [표 A-9]를 이용하면 다음과 같다.

[표 A-10] 'CTQ' 정립 예

대분류	중분류	소분류	세부 항목	CTQ
사내 손실비용	생산 손실비용	재작업 손실비용	설정값 재조정 비용	A특성 변동률
				KM설비 지연시간
				…
			…	…
		생산수율 저하 손실비용	고정비용	B 손실량
				L라인 T/Time
				…
		…	…	…
	재고관리 손실비용	제품재고 손실비용	과잉재고 손실비용	F품 회전율
				N품 운송시간
		…	…	…
	개발 손실비용	제품개발 지연비용	신제품개발 지연비용	목표대비 완수율
		Sample 손실비용	Sample 폐기비용	Sample 불량률
				…
	…	…	…	
사외 손실비용	고객 불만 처리비용	불량반품 처리비용	원인 분석비용	제품별 불량률
			…	
		기회손실 비용	거래중지 손실비용	국내 거래중지 비율
				…
	…	…	…	…
관리 손실비용	…	…	…	

보통 이 단계에서 'COPQ' 항목들에 어떤 '특성'을 대응시켜야 할지 다양한 질문이 나올 수 있는데, 기본적으론 현재 관리하고 있는 '특성'이 주어진 'COPQ'를 설명할 수 있으면 그대로 사용하고, 그렇지 않다면 적절한 '특성'을 새롭게 만들어내는 일도 가능하다. 예를 들어 '거래중지 손실비용'이 기존에 없던 'COPQ'라면 이를 설명할 '특성' 역시 새롭게 설정된 '국내 거래중지 비율' 등이 오는 경우이다. 또 [표 A-10]에서 '제품별 불량률'은 라인별, 프로세스별로 세분화해서 올 수도 있는데, 어떤 선택을 하느냐는 처해진 상황에 따라 판단한다.

③ 산출 식을 정립한다.

각 'COPQ 항목'들을 금액으로 표현하기 위해 어떤 식을 적용할 것인지 규정하는 단계이다. 일반적으로 알려진 산출 식[13]을 기본으로 하되, 없으면 합리적 근거를 토대로 새롭게 정립한다. '합리적'이란 가급적 '회계 논리'를 적용하라는 뜻이다. 잘 알려진 회계 논리 적용이 어려울 경우 일반적으로 '총자원법(Total Resource Method)'[14]이나 '단위 원가법(Unit Cost Method)'[15]의 방식을 활용한다. 그러나 이들의 실제 적용에 있어 가정에 가정이 덧붙여질 수 있기 때문에 결과에 대한 신뢰도가 떨어지는 단점이 있다. 단지 위안이 되는 것은 모든 비효율적 상황을 '돈'의 단위로 표현할 수 있다는 강점과, 발생 빈도가 높은 문제는 어떤 식으로든 'COPQ'가 클 것이므로 심각성을 전달하는 데는 매우 유용하다는 점이다. 단 그 산정 방식이 적용 시점이나 산출하는 사람에 따라 변해서는 안 된다. 식이 변하면 'COPQ'의 조정은 불가피하다.

---

13) 국내 서적인 "Q COST & COPQ", 송재근 저, 한국표준협회컨설팅을 참조할 것.
14) 투입되는 모든 자원(시간, 임금 등)의 총 비용을 기준으로 'COPQ'를 결정하는 방법(예: 고객 불만을 처리하는 활동 등). 일반식=총 비용×저품질 업무비율(%).
15) 결점/오류/불량당 비용을 산출해서 연간발생 건수를 곱하는 등의 산출방법(예: 업무 중 오류가 발생되는 상황 등). 일반식=결점/오류/불량당 평균비용×빈도 수.

결국 과정 중 새로운 'COPQ'를 생성하는 꼴이므로 최초 산출 식을 잘 정해야 하는 중요한 이유가 여기에 있다. 다음 [표 A-11]은 알려져 있는 'COPQ 산출 식'의 일부 예를 나열한 것이다.

[표 A-11] 'COPQ 산출 식' 예

항 목	산출 식
경상 연구비용	단위당 기회 수×기회 손실시간×인건비×기회 손실비용
판매 손실	(판매단가 −한계원가)×발생수량
비효율 생산 인건비용	(단위 시간당 실제 생산 수/이론 생산 수)×단위 프로세스 인건비
감가상각 비용	(단위 시간당 실제 생산 수/이론 생산 수)×누적 감가상각비
수선비용	폐기 불량 수×불량 발생까지의 누적 수선비
불량 처리 인건 비용	재작업M×T×임률+불량운반M×T×임률+현상파악M×T×임률
업무 계획 수립 비용	교육 훈련비+행사비+도서 인쇄비
…	…

[표 A-11]의 '항목'들은 '실패 비용, 평가 비용, 예방 비용, 기회손실 비용'으로 구분하거나 또는 조직별로 나누어 정리할 수 있지만 여기선 유형별로 한두 개씩만 포함시켰다.

④ 금액을 산정한다.

'COPQ 항목' 발굴과 '산출 식'을 정의했으면 금액을 산정한다. 산출 식에 포함된 항들의 데이터를 연간단위로 수집하여 규모를 측정한다. 물론 이 과정 중에 마련된 식이 모호하든가 현실과 동떨어진 경우가 발생할 수 있으며 심지어는 식을 새롭게 정립하는 일까지 벌어질 수 있다. 그렇더라도 모든 'COPQ'의 금액 산정을 완료한 뒤 변경하는 것보다 과정 중에 변경하는 것이 훨씬 유리하다는 점을 명심하자. 다음 [그림 A-23]은 'COPQ'의 금액을 산정한 예이다.

중 분 류	소 분 류	세 부 항 목	산출금액	CTQ 코드
1.1 환경/안전	1.1.4 폐수처리 손 실	3.4.1.1 자체 초과 폐수 발생비용	41,179,187	74
		3.4.1.2 위탁초과 폐수 발생비용	27,500,389	411
	1.1.5 폐기물 처리손실	3.4.2.2 폐유 초과 처리 비용	4,839,284	42
		3.4.2.3 폐기물 초과 처리 비용	540,910	213
3.4 경영관리 손 실	3.4.1 업무진행 손 실	3.5.1.1 중복업무 손실	24,368,850	331
		3.5.1.2 재작업 비용	13,525,041	31
	3.4.2 재무관리 손 실	3.5.2.1 자금운영손실	2,946,735	42
		3.5.2.2 대출관리손실	14,897,180	212
	3.4.3 세무관리 손 실	3.5.3.1 세무비용	9,546,301	64
		3.5.3.2 손금불산입손실	1,016,550	98
	3.4.4 외환손실	3.5.4.1 외환차손실	27,509,826	131
4.3 전산관리 손 실	4.3.1 서버,S/W	3.6.1.1 서버 비가동손실	17,842,094	451
	4.3.2 네트워크 관리손실	3.6.2.1 인터넷 비가동손실	673,480	452
		3.6.2.2 사내망 복구 비용손실	17,829,618	450
	4.3.3 관리손실	3.6.3.2 교체 비용 손실	2,319,487	513
5.2 매출손실 비 용	5.2.1 판매예측 실패비용	4.2.1.1 매출이익 손실	33,610,765	551
	5.2.2 신규시장개발 실패	4.2.2.1 영업개발 비용손실	2,193,857	249

[그림 A - 23]의 맨 끝 열인 'CTQ 코드'는 해당 'COPQ'를 설명할 '특성'을 지칭한다. 'COPQ'를 줄이기 위해 과제를 수행한다면 이들 'CTQ'의 목표를 설정해 향상시키는 활동이 요구되며, 필요하다면 과제 수행 전 유사 특성들을 규합하거나(CTQ들이 유사하거나 규모가 작아 합쳐서 추진할 경우 등), 과제 수행 중 '운영적 정의(Operational Definition)'에서 세분화하는 작업(규모가 너무 큰 경우 등)이 병행될 수 있다.

⑤ 결과를 도식화한다.

수행할 과제를 선정하기 위한 직전 활동으로 [그림 A-23]에서 'CTQ 현수준'이 낮으면서 'COPQ 금액'이 높은 항목이 우선순위가 높다고 판단한다. 다음 [그림 A-24]는 도식화한 예이다.

[그림 A-24] 'COPQ vs. CTQ' 도식화 예

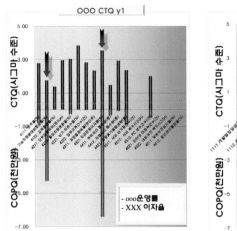
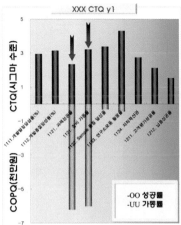

[그림 A-24]에서 빨간 화살표 항목들이 'COPQ'가 크면서 'CTQ 수준'이 낮거나 'COPQ'가 유난히 큰 유형들이다. 물론 'CTQ'가 낮은데 'COPQ'가 거의 없는 항목이나 그 반대의 경우들에 대한 검토가 이루어져야 하고, 이런 검토 과정을 거치면서 지금까지의 결과에 대한 신뢰도는 현격히 증가한다.

⑥ 과제를 선정한다.

과제는 바로 앞 단계에서 설명한 바와 같이 "COPQ가 크면서 CTQ 수준이 낮은 항목이 최우선적으로 선택"된다. 그 외에 처한 상황에 따라 사업부장과 팀원들의 의견수렴을 거쳐 다양한 유형들도 과제 후보에 포함시킨다. 선정된 목록을 조정하거나 이후 추가 발굴 과정에 대한 설명은 생략한다.

'COPQ 접목형'은 현 프로세스의 비효율적인 요소들을 규정하고 정량화함으로써 객관적 시각에서 과제를 선정할 수 있고 각 항목들이 지속적으로 관

리됨으로써 성과 파악이 용이한 점, 회사의 관리 능력이 어떻게 향상돼 가는 지를 모니터할 수 있는 등 매우 큰 장점이 있는 반면, 초기 자원의 투입이 너무 많고, 'COPQ 항목'들을 규정해내기 쉽지 않으며, 지속적으로 관리하는 데도 현실적으로 한계가 있다. 따라서 별개의 관리부서가 지정되고 관리 표준 등이 철저하게 마련된 후 지속적으로 운영된다는 제도적 보장이 없는 한 1회성으로 추진하기엔 너무 많은 초기 비용이 드는 단점을 감내해야 한다. 특히 [그림 A-21]의 빙산 아래 영역은 현 시점에서 바라본 비효율적 유형들로, 만일 이들을 중심으로 과제가 선정된다면 중장기 목표를 달성하기 위한 당해 연도 해결할 문제들은 배제될 수 있다. 이 부분에 대한 보완도 고려해야 할 것이다.

5. '사업부 과제' 전개형

'사업부 과제'는 사업부장이 수행하는 과제다. 국내 경영 혁신 도입 초기엔 'Right People'이란 기치 아래 유능한 인력들을 뽑아 리더 교육을 받게 한 후 중요 과제들을 수행토록 하였으나 제도가 무르익으면서 당장 이들 학습된 리더들과 사업부장과의 커뮤니케이션에 문제가 발생하기 시작했다. 사업부장들은 대부분 교육을 받지 않은 상태이므로 '시그마 수준'이나 'MSA' 등 용어도 낯설 뿐더러 흐름에 대한 이해도 역시 떨어져 '목표'와 '결과'만 따지는 형국에 이르렀고, 서로 간 이해의 불일치는 경영 혁신의 전사 확산에 걸림돌로 작용하였다. 이런 시점에 등장하게 된 것이 "사업부장도 과제를 해야 한다"였고, 사업부장 교육이 본격적으로 시작되는 계기가 되었다. 또 한편에선 리더들의 과제만으론 부분 최적화는 이룰 수 있어도 회사 전체의 최적화는 어렵다는 새로운 시각이 생겨나기 시작했다. 결국 이런 요구에 부응하기 위해 탄생한 전

개가 바로 '사업부 과제 추진 로드맵'이며, 삼성그룹 전자계열사를 중심으로
정립되었다. 기본 전개는 다음과 같다.

[그림 A-25] '사업부 과제' 개요도

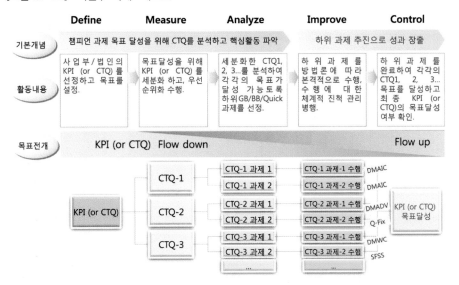

[그림 A-25]를 보면 '사업부 과제' 역시 '프로세스 개선 방법론'의 로드맵
인 'D-M-A-I-C'를 따르나, 각 Phase별 실제 활동에는 차이가 있음을 알
수 있다. 전개 중 '과제 선정'과 연계되는 시점은 'Analyze Phase'이며, 이유
는 이곳에서 '하위 과제'들이 발굴되기 때문이다. 각 Phase별 활동과 산출물
을 순서대로 정리하면 다음과 같다('Improve'와 'Control'은 선정된 하위 과
제들이 수행되고 목표 달성 여부를 확인하는 위치이므로 '과제 선정'이 이루
어지는 'DMA Phase'에 대해서만 설명할 것이다).

① Define Phase: 사업부 KPI(or CTQ) 선정 및 목표 설정

'KPI'는 'Big Y 전개형'에서 이미 설명한 바 있다. 당해 연도 또는 중장기
적으로 기업이 성장하기 위해서는 결국 특정 지표의 향상이 필요하므로
'KPI'를 떼어내고 과제를 논하는 덴 분명 한계가 있다. '사업부 KPI' 역시
회사가 목표로 하는 지표의 연장선상에 있으므로 회사의 'KPI'가 그대로 올
수 있는 반면, 회사 '내부 요구(VOB)'에 대한 핵심 특성도 올 수 있기 때문
에 'CTQ'로의 표현도 가능하다. 다음 [그림 A−26]은 '사업부 KPI(or CTQ)'
가 올 수 있는 경로와 과제의 연계성을 설명한 개요도이다.

[그림 A−26] 'KPI' 출처를 보여 주는 개요도

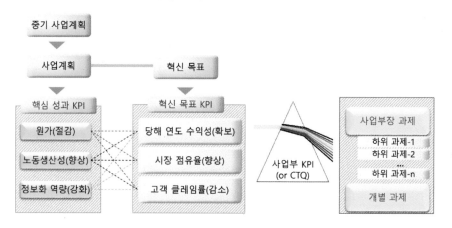

[그림 A−26] 경우 회사의 '핵심 성과 KPI'는 중기와 당해 연도 사업 계획
을 기반으로 형성되고, 이에 '혁신 목표 KPI'를 추가함으로써 당해에 중점
달성해야 할 지표를 완성한다. 각 사업부는 이들 'KPI(or CTQ)'로부터 '사업
부 KPI(or CTQ)'를 구성하고, 이후 '사업부 과제'나 '개별 과제' 발굴에 활용
한다.

② Measure Phase: '사업부 KPI(or CTQ)' 세분화 및 우선순위화

'사업부 KPI(or CTQ)'는 한두 명의 노력으로 목표 달성되기는 어렵다. 회사의 'KPI'가 그렇듯 '사업부 KPI(or CTQ)' 역시 규모가 크고 범위도 여러 프로세스와 걸쳐 있을 가능성이 높기 때문이다. 따라서 세분화(CTQ Flow-down)를 통해 리더가 수행할 수 있는 규모로 축소시켜야 하고, 또 모든 세분화 결과가 중요한 것은 아니므로 시간과 비용을 고려해 순위를 매기는 과정이 필요하다. 다음 [그림 A-27]은 세분화(CTQ Flow-down)의 예이다(개념만 표현).

[그림 A-27] '세분화(CTQ Flow-down)' 개념도

이어 한정된 자원으로 모든 '특성'들을 향상시키기 위해 과제가 수행될 수 없고, 또 반드시 그럴 필요도 없을 것이므로 중요도 평가를 통해 순위를 매

기는 우선순위화가 필요하다. 보통 워크숍을 통해 이루어지며 사업부장이 반드시 참석해야 한다. 중요 '특성'을 선정할 때 다양한 의견 표출이 있게 되며, [그림 A-27]의 구조가 바뀔 수도 있다. 현업에선 '시급성', '목표 달성 영향도', '고객 영향도' 등의 항목을 마련해 점수로 순위를 매기기도 하지만 점수 자체보다 모인 팀원들 간 어떤 협의 과정이 있었느냐가 중요하며, 따라서 우선순위가 높아 최종 확정된 '특성'들에 대해선 반드시 '선정 배경'을 기입하도록 한다.

[그림 A-28] 'CTQ 우선순위화 및 운영적 정의' 작성 예

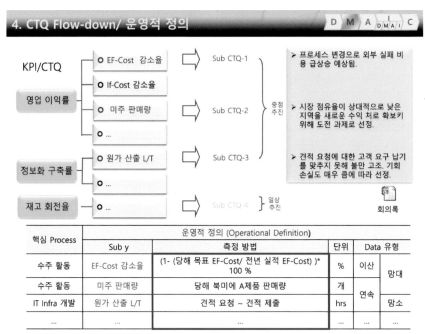

[그림 A-28]은 '사업부 과제 추진 로드맵' 중 일부이며, 우선 장표 오른쪽

상단의 로드맵 표기(아이콘)가 좀 다른데 'I' 밑에 'D-M-A-I'가 들어 있다. 이것은 'D-M-A'까지 '하위 과제'들이 도출되면 이어 각각의 '하위 과제'들은 각자의 방법론에 맞게 수행될 것임을 표현한 것이다. 즉 사업부 과제의 'Improve'는 '하위 과제'들이 병렬로 수행된다. 또 장표 오른쪽에 각 'Sub CTQ'들의 선정된 배경이 요약돼 있고, 전체 과정과 내용은 개체 삽입된 '회의록' 파일에 포함돼 있음을 알 수 있다(고 가정한다). 장표 아래엔 각 'Sub CTQ'들의 '운영적 정의'가 기록돼 있으며, 여기선 설명을 생략했으나 [그림 A-28] 다음 장엔 각 'Sub CTQ'들의 '현 수준'과 '목표 수준'이 기술된다. 이로부터 본 '로드맵'이 기존 'D-M-A-I-C' 전개와 차이점은 있지만 'Measure Phase'이므로 '측정' 그 자체의 의미는 그대로 유지되고 있음을 알 수 있다.

③ Analyze Phase: 선정된 'CTQ'들의 목표 달성을 위한 '하위 과제' 선정

기존 '프로세스 개선 방법론'에서의 'Analyze Phase'가 '잠재 원인 변수'들을 분석해서 문제의 근원을 확인한 뒤 '개선 방향'을 이끌어내는 과정이라면, 사업부 과제 로드맵에선 'Sub CTQ'를 '분석'해서 중점적으로 해야 할 '활동'을 찾는 과정이 다르다. 찾아낸 '활동'들을 구체화하면 바로 '하위 과제'가 된다. 따라서 '분석(Analyze)' 본연의 의미를 그대로 유지하되 산출물만 '개선 방향'이 아닌 '하위 과제'로 바뀐다고 볼 수 있다.

본 과정은 핵심 활동을 찾아내기 위한 팀원들의 노력과 토론, 협의 등이 가장 왕성하게 이루어지는 단계이다. 'Sub CTQ'의 목표 달성이 곧 '사업부 KPI'를 거쳐 '회사 KPI' 목표 달성과 연결되므로 잘못된 '활동' 영역을 선택하거나 목표 달성에 미진한 부문을 골라 수행한다면 기대성과는 그만큼 낮아질 수밖에 없다. 다음 [그림 A-29]는 '하위 과제' 도출을 위해 '핵심 활동'을 발굴한 예이다.

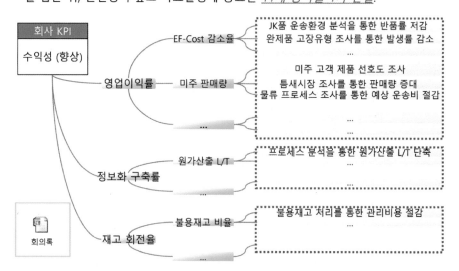

5. 하위 과제 도출_핵심 활동 발굴　　D M A D/M/A/I C

Measure Phase 'Sub CTQ'들의 목표 달성을 위해 중점적으로 추진해야 할 활동
을 뽑은 뒤, 관련성이 높고 목표달성에 중요한 *11개 항목을 1차 선별*.

[그림 A-29]에서 상세 과정과 내용은 '개체 삽입'된 파일에 포함된 것으
로 가정한다. 발굴 시 유의할 점은 아주 작은 '활동'이라도 모두 기록한 뒤
평가/선정을 거치도록 한다. 큰 '활동'들은 주요 과제의 후보가 되겠지만 자
잘한 '활동'들의 뒷받침 없이는 전체 완성도가 떨어진다. 이 같은 자잘한 '활
동'들은 'Quick 방법론'으로 처리하게 되며 통상 하나의 큰 과제에 적게는
수 개에서 많게는 수십 개의 '즉 실천'들이 포함된다. 다음은 [그림 A-29]를
바탕으로 '핵심 활동'을 최종 과제로 완성한 예이다.

[그림 A-30] '하위 과제' 도출 예('하위 과제' 목록)

6. 하위 과제 도출_하위 과제 목록   D M A D/M/A/I C

■ 하위 과제 목록

과제 구분	과제 명	사업부 KPI	현수준	Entitlement	목표수준	재무성과	과제 리더	추진 일정
프로 세스 개선	JK품 운송환경 분석을 통한 반품률 40%저감	영업 이익률	반품률 2.5%	1.0%	1.5%	2.4억	홍기동 과장	'0x.xx ~ '0x.xx
프로 세스 개선	완제품 고장유형 조사 를 통한 고장 발생률 30% 감소	영업 이익률	발생률 1.8 %	0.8%	1.3%	0.9억	이만기 대리	'0x.xx ~ '0x.xx
...	...	...	...	...	...	...	...	...
Quick	불용재고 처리를 통한 관리비용 15% 절감	재고 회전율	관리비 4.1억	2억	3.5억	1.2억	최선해 과장	'0x.xx ~ '0x.xx
Quick	원가관리 대장 파일화	정보화 구축률	흩어져 보관	dB화	파일링	-	조단순	~xx.xx
Quick	재고창고 폐기물 처리	재고 회전율	관리 안됨	모두 폐기	모두 폐기	-	김청결	~xx.xx
...	...	...	...	...	...	...	...	...

[그림 A-30]은 가정된 예이지만 '즉 실천'의 출현을 강조하기 위해 '과제 구분'에 'Quick'을 포함시켰다. 아마 규모 있는 '사업부 과제'라면 수십 개의 '즉 실천'들이 나열될 것이다. 특히 내용 중 '현 수준', '목표 수준' 등은 'Measure Phase'에서 넘어온 것이며, 특별한 일이 없는 한 목록들은 수행할 과제로 확정한다. 다음 [그림 A-31]은 목록 중 한 과제의 '과제 기술서' 작성례이다.

7. 하위 과제 도출_과제 기술서

D M A D/M/A/I C

과제 명	JK품 운송 환경 분석을 통한 반품률 40%저감	과제분류	(재무성과 과제)
			프로세스 개선

과제 선정 배경 기술	문제 기술
■ JK품의 운송은 서해 H항만을 90%, 인천 항만을 10% 활용 　- 주로 600톤 급 규모 선박들로 풍랑 등에 취약 　- 계약서 없이 구두로 용역 ■ 운송 중 파손율이 최근 1년간 운반 물량의 5%를 넘어섬 ■ 내륙 운송에 대한 조사 자료는 전무한 실정.	■ 고객 반품률이 전전년도 1,000PPM에서 2.5%로 급증 　- 운송의 문제로 지적되고 있으나 현재로선 원인 파악이 　　안된 게 가장 큰 문제임. ■ 내륙 운송에 대한 관리 자료가 전무함에 따라 역 추적 　불가한 실정임.

목표 기술/ 효과 기술	범위 기술
■ 목표 기술 　- 예상 지표; JK품 반품률 　- 현 수준/ 목표 수준 ; 2.5% /1.5% (약 40% 저감) ■ 효과 기술; 재무 2.4억	■ 프로세스 범위: 출하 ~ 고객사 도착 ■ 공간적 범위: 생산 물류, 영업 관리 ■ 유형적 범위: JK품 중 수출품

팀원 기술	일정 기술
	■ 추진 일정 　- '0x년 xx월 xx일~ '0x년 xx월 xx일 　　(On-Line 구축기간 별도) ■ 각 Phase 별 일정은 본문 참조

역할	성 명
PO	우만섭 부장
과제리더	홍기동 과장
팀원	이노력 대리, 박조사 사원

'과제 기술서'가 완료되면 사업부장과 최종 검토를 거쳐 계획된 일정대로 과제를 수행한다. '사업부 과제 추진 로드맵'의 'Improve Phase' 활동에 따르면 이들의 수행 관리는 '사업부 과제 맵'이라는 툴을 이용해 월 단위 관리가 이루어진다. 이 부분에 대해선 이후 장에서 별도 설명이 있을 것이다.

6. 부문 이슈 할당형

'부문 이슈 할당형'은 적절한 명칭이 없어 특징을 대표할 만한 단어들로 조합해 만들었다. '부문'이란 사업부나 단위 부서 등을 이르는 포괄적 표현이며, '이슈'란 그 부문에서의 문제나 논쟁이 되고 있는 사안들을 총칭한다. 또 '할당'이란 이들 '이슈'들을 회사의 관계된 전략적 방향들에 배분함으로써 발굴이 미진한 영역을 확인하거나 부족한 항목을 추가 발굴하는 데 활용한다. 기본 특징을 요약하면 다음과 같다.

첫째, 사업부장과 팀원들이 모두 모여 토론의 형태로 문제점이나 해결해야 할 항목들을 도출한다. 근본적인 문제들은 결국 그 부문에서 활동 중인 소속 인만이 아는 사안이므로 가장 효과적인 접근 방법임엔 틀림없다. 그러나 사업부장의 발언권이 너무 강하거나 팀원들이 소극적으로 참여하는 분위기라면 오히려 역효과가 날 수 있는 단점도 있다.

둘째, 발굴된 안들을 간단한 방법으로 회사의 전략과 연계시킬 수 있으므로 사안들이 골고루 분포하고 있는지 혹은 한쪽에 치우치진 않은지를 쉽게 파악할 수 있는 장점이 있다. 참석자들이 전체 상황을 빠르게 공유할 수 있으므로 부족한 활동들을 추가로 발굴하기 위한 이유와 방향 및 목적을 서로 공유하기 용이하다.

셋째, 해결할 사안들을 부문 내와 부문 간으로 구분함으로써 자원 할당과 수행할 기간 등의 설정이 용이하다. 예를 들어 부문 내에서 처리가 가능한 과제들은 'Quick 방법론' 수준에서, 부문 간 해결해야 할 과제들은 '프로세스 개선 방법론'이나 CFT(Cross Functional Team) 구성을 통해 추진할 수 있다.

접근 방법을 단계별로 요약하면 다음과 같다.

① 부문의 이슈를 발굴한다.

부문의 이슈들은 워크숍을 통해 발굴되며, 이때 부문장(사업부장)과 중간 관리자(부장급 등) 및 부서원들이 모두 참석해야 한다. 보통 워크숍을 한다면 과장급 이하만 주로 참석하는 바람에 의사결정도 늦을 뿐더러 발굴된 사안들을 부서장에게 검증받는 시점에 모두 전복(?)되는 상황이 자주 발생한다. 재작업을 줄이려는 회의 문화를 추구하고 진정성 있는 과제의 발굴을 위해서라도 부서장과 중간 관리자 모두가 참석하는 것은 매우 중요한 전제 조건이다. 다음은 부문의 문제 또는 해결할 사항들이 브레인스토밍 등을 통해 발굴된 예이다(로 가정한다).

[표 A-12] 부문의 이슈 발굴 예

이슈 그룹핑	부문의 발굴 이슈
조직혁신 증대	– 글로벌 회사에 맞는 새로운 조직 운영 체계 필요
원가 관리체계 선진화	– 원가 산정 소요 시간 과다 발생 – 원가 관리 체계가 생산 기지별로 차이가 남 – …
위기 관리 선진화	– 수익성 저하 시 사후에 인지됨
부문의 글로벌화	– 해외 지사를 포함한 결산 시 오래 걸리고 차이 발생 – 해외 기지 데이터 신뢰성 저하 – 생산 기지 결정 시 Route Map 작성 기간 안에 못함 – …
회사 관리 효율화	– 투자 업무 관리에 너무 많은 자원이 투입되고 있음 – 차년도 사업 계획 수립 시 투입자원도 많고 시간도 오래 걸림 – 프로세스 혁신이 부문별로 제각각으로 이루어짐 – …

② 발굴된 이슈의 인과/상하 관계 정립

조직 구성원 전체가 참석하여 한 부문의 중요 사안들을 모두 도출하면 그

양이 상당히 많게 되고, 이들을 다시 [표 A-12]와 같이 그룹화하면 각 그룹 내 요소들은 서로 '인과 관계' 또는 '상하 관계'로 묶어낼 수 있다. 또 이 과정에서 추가 도출 항목들이 생기게 되며, 대상의 규모를 줄여주고 세분화시켜줌으로써 개선 가능성을 높여주는 효과도 얻는다. 다음 [그림 A-32]는 [표 A-12]의 항목들을 '인과 관계' 또는 '상하 관계'로 엮어낸 예이다.

[그림 A-32] 이슈의 인과/상하 관계 정립

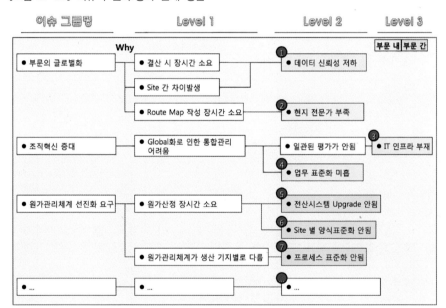

[그림 A-32]에서 노란색 표식은 '부문 내'에서 해결이 가능한 이슈를, 연두색 표식은 '부문 간'에서 접근해야 해결되는 이슈를 각각 나타낸다. 특히 "IT 인프라 부재"나 "Site별 양식 표준화 안 됨" 등은 [표 A-12] 항목을 중심으로 새롭게 추가된 것들이다.

③ 회사 전략 방향과 연계시킨다.

부문에서 이슈들이 도출되었으므로 회사가 정한 당해 연도 또는 중장기 방향과의 연계성을 파악하는 과정이 요구된다. 따라서 회사의 중점 추진 항목을 표로 구성한 뒤 '②'에서 완료된 이슈들을 배치한다. 이때 '부문 내'와 '부문 간'을 따로 구분해서 자원 투입 규모 등을 파악하는 데 활용한다.

[그림 A-33] 회사 전략 방향과 연계시킴(부문 내)

[그림 A-33]의 회사 전략 방향과의 연계성을 파악한 결과 주로 '관리 효율 제고'와 'Global화'에 집중되었다는 것을 알 수 있다. 또 '당해 연도 수익성 확보'와 '중장기 역량 강화'엔 포함된 이슈가 없는데 '원형 설명선'에 이

부분을 지적하고 있다. 빈 공간들에 대해 필요하면 재논의를 거쳐 항목들을 추가 발굴하도록 한다. 다음은 '부문 간' 회사 전략과의 연계성을 파악한 예이다.

[그림 A-33] 회사 전략 방향과 연계시킴(부문 간)

부문 간

• 중요도, 긴급도는 5점 척도 평가 (5:매우 높음, 4:높음, 3:보통, 2:낮음, 1: 매우 낮음)

회사 전략방향		경쟁력 강화 대상								
		당해 연도 수익성 확보	중요도	긴급도	중기 수익성 확보	중요도	긴급도	중장기 역량 강화	중요도	긴급도
중점 추진 항목	영업 경쟁력 강화	▪ ▪ ▪			▪ ▪			▪ ▪		
	R&D 경쟁력 확보									
	구매 경쟁력 강화	▪ ▪			▪ ▪			▪		
	제조 경쟁력 향상	▪			▪			▪		
	관리 효율 제고	▪			⑤ ▪ 전산시스템 Upgrade 안됨 ⑦ ▪ 프로세스 표준화 안됨	4 5	3 5	▪		
	Global 화	▪ ▪			⑥ ▪ Site별 양식표준화 안됨	4	5	▪ ▪		

(말풍선) 당해 연도 수익성 확보 없으므로 추가 이슈 도출 고려

(말풍선) 중장기역량 강화 없으므로 추가 이슈 도출 고려

④ 우선순위를 파악한다.

발굴된 이슈들은 부문 내 또는 부문 간에서 모두 해결해야 할 주요 항목들이지만 중요도와 긴급도 등을 파악해 제한된 자원을 우선적으로 투입할 순위를 매긴다. 이를 위해 [그림 A-32]와 [그림 A-33]의 표 내에 5점 척도로 미리 평가된 '중요도'와 '긴급도'를 '2×2 매트릭스'에 옮겨 적는다.

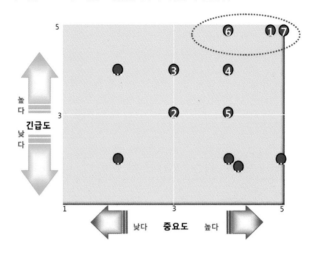

[그림 A-34] 핵심 이슈를 찾기 위한 우선순위

[그림 A-34]에서 '중요도'와 '긴급도' 모두 높은 '①, ⑥, ⑦'을 핵심 이슈로 선정한다(고 가정한다). 표로 정리하면 다음과 같다.

[표 A-13] 핵심 이슈 발굴 예

No	핵심 이슈
①	데이터 신뢰성 저하
⑥	Site별 양식 표준화 안 됨
⑦	프로세스 표준화 안 됨

현실은 [표 A-13]보다 실제 발굴된 '핵심 이슈'가 훨씬 많겠지만 여기선 흐름만 참조하기 바란다.

⑤ '핵심 이슈'를 정의한다.

과제로 발전시키기 위한 기본 조사가 있게 되며, 조사된 내용을 포함시킨

'핵심 이슈 정의서'를 작성한다. 조사 결과에 따라 과제로서 불충분하다는 판단이 서면 순위에서 탈락시키고 [그림 A-34]에서 재선정 과정을 밟는다. 다음은 '핵심 이슈 정의서'의 한 예이다.

[그림 A-35] '핵심 이슈 정의서' 예

핵심 이슈 정의서		
핵심 이슈	**업무 상황**	**문제점**
● 데이터 신뢰성 저하	매 분기별로 판매실적을 결산하고 있으며 국내 4개 Site의 실적과 해외 6개 Site의 실적을 관리하고 있음.	Site별 코드체계가 안 맞고, 각각 별도의 분류방식을 따르고 있어 본사와 각 Site 판매실적이 평균 4.5% 불일치 하고 있음. 이를 찾아내기 위해 많은 시간이 투입되고 있는 실정임.
● Site별 양식 표준화 안 됨	국내 4개 Site와 해외 6개 Site 생산기지의 원가를 분기별로 산정하고 있으며, 수주를 위한 견적 요청 시 수시 대응하고 있음.	Site별 원가산정방식에 차이가 있고 수치도 업데이트되고 있지 못함. 특히 서로 다른 양식에 원가정보를 관리함에 따라 본사에서 종합하는데 1.5개월이 소요되는 실정임. 경쟁사 경우 평균 15일 소요되는 것으로 파악됨.
● 프로세스 표준화 안 됨	국내 4개 Site와 해외 6개 Site 생산기지의 원가를 분기별로 산정하고 있으며, Site별 담당부서 간 협업을 거친 후 최종 본사에서 보고서 작성하고 있음.	검토 결과 'Site별 양식 표준화 안 됨'과 업무상황이 동일하고 양식 표준화를 이루는 과정에 프로세스 개선도 함께 이루어져야 할 것으로 보임. 따라서 'Site별 양식 표준화 안 됨'에 통합하기로 함

[그림 A-35]의 '핵심 이슈' 중 '프로세스 표준화 안 됨' 경우 '업무 상황'이 'Site별 양식 표준화 안 됨'과 동일하고, 개선 과정에서 '양식 표준화'도 함께 고려돼야 한다는 판단에 둘을 통합해서 과제 추진하는 것으로 결론지었다(고 가정한다). 따라서 '핵심 이슈'의 추가 발굴 등을 고려한다.

⑥ '요약 과제 기술서'를 작성한다.

부문에서 발굴된 과제들은 연계된 타 부문 또는 전사 혁신 부서와의 협의,

임원 회의를 거쳐야 하는 등 향후 일련의 절차를 따를 필요가 있다. 따라서 최종 확정 단계에 이르기 전까지 내용을 공유할 기본 서식이 필요한데 이때 '요약 과제 기술서'를 작성한다. 과제가 확정된 후 작성되는 원래의 '과제 기술서'가 있으므로 '요약'이란 수식어가 들어가 있다. 다음은 작성례이다.

[그림 A-36] '요약 과제 기술서' 작성례

요약 과제 기술서	
과제 명	관리 체계 표준화를 통한 판매실적 데이터 일치율 100%화
지표 정의	-예상지표; 데이터 일치율 -정 의; 분기별 전체 파악이 필요한 판매실적 총 항목들 중 정확하게 일치하는 비율
과제 선정배경	'xx년 10월 현재, 중국 내수시장 연 평균 18%의 급격한 성장에 힘입어 기회 선점을 위한 OO社, △△社 등 경쟁사들의 생산기지화 추진이 본격화되고 있는 실정임. 이에 당사도 국내뿐 아니라 해외로의 진출이 불가피한 상황에서 Site가 본격 가동되고 있으며, 이 결과 그 동안 고려치 않았던 분기별 판매실적 결산기간이 기존 대비 약 2.3배 소요되고 있는 실정임.
문제기술	Site별 코드체계가 안 맞고, 각각 별도의 분류방식을 따르고 있어 본사와 각 Site 판매실적이 평균 4.5% 불일치 하고 있음. 이를 찾아내기 위해 많은 시간과 자원이 투입되고 있는 실정임.
목표기술	'xx년 10월 현재의 '데이터 일치율' 95.5%를 OO년 4월 25일까지 100%로 향상시킴

[그림 A-36]의 '요약 과제 기술서'를 통해 타 부문 또는 임원들의 사전 검토가 가능할 뿐더러 과제 수행 당위성을 확보하는 일도 수월해졌다. '부문 이슈 할당형'은 전개가 단순하고 기법이나 양식도 명확해 접근성이 뛰어난 반면 혁신 사무국이나 타 부문, 임원들의 검증 절차를 거쳐야 한다는 부담도 상존한다. 모든 방법론이 그렇듯 장단점으로 받아들일 일이다.

기존 '과제 선정 방법론'들에 대해 그동안 직접 경험했던 내용들 위주로 설명하였다. 물론 이 외에 'QFD(Quality Function Deployment) 방법론', 단기간에 아이디어 발굴과 차별된 접근을 통해 목표 재무성과를 달성하는 'TOP(Total Operational Performance)', 또 '종합 생산성 혁신(TP, Total Productivity)'에서 기업의 '종합 목표'를 설정해 '추정 손익 계산서'를 중심으로 해야 할 '활동'들을 세분화하는 '목표 전개 방법론' 등이 있다. 이들은 각각의 독립된 영역을 확보하고 있으므로 본문에서 논하기엔 무겁기도 하거니와 새로운 '과제 선정 방법론'을 제안하는 애초 취지에서도 많이 벗어난다. 또 관심만 있다면 관련 자료를 주변에서 쉽게 찾아볼 수 있으므로 '기존 방법론'에 대한 설명은 이 정도에서 마무리하고자 한다. 이어지는 장(Chapter)에서는 새롭게 제안하는 과제 선정 방법론에 대해 본격적으로 설명할 것이다. 이에 대해 자세히 알아보자.

Ⅲ

새로운 과제 선정 방법

가장 중요하고 회사 성장에 도움을 주며 누가 보더라도 꼭 필요한 과제를 선정할 최선의 방법은 과연 뭘까? 또 '중요하고 꼭 필요하다'고 했을 때 무엇이 중요하고, 무엇이 꼭 필요한 것인지 현업에서 어떻게 확인이 가능한가? 이 모든 질문에 답할 수 있는 묘안이 있다면 아마 이 장에서 찾아야 할 것이다.

새로운 과제 선정 방법 개요

"조합의 기술도 혁신이다!" 언젠가 신문에서 읽었던 구절이다. 새로움을 탄생시키는 작업은 기존 기술들의 장점을 골라 하나로 합쳐 이룰 수 있다는 논리다. 필자는 앞 장에서 '기존의 과제 선정 방법'들에 대해 기술했는데, "그럼 '기존'이 아닌 완전 '새로운' 방법은 무엇인가?"라고 물었을 때, "완전 새로운 것은 아닙니다"로 답할 것이다. 앞으로 전개될 과제 선정 방법들이 모든 과정과 도구 하나하나를 창조적으로 만들어 연결시킨 구조는 아니라는 얘기다. 그러나 기존 방법들의 단점을 정확하게 이해하고 그들을 극복할 대안이 마련된다면 군이 '창조적'이란 용어를 쓰진 못하더라도 '새로운'이란 표현은 충분히 가능하지 않을까? [표 B-1]은 기존 방법들의 공통된 단점과 문제점들을 모아놓은 것이다.

[표 B-1] '기존 과제 선정 방법'의 공통된 단점 및 문제점

내용
1. 늘 알고 있는 수준의 과제들이 발굴된다.
2. 과제 선정 단계에서 재무성과 과제를 발굴해내기가 쉽지 않다.
3. 재무성과 과제라고 하지만 실제 재무제표 손익계산에 반영될 것인지 불분명하다.
4. 재무성과 과제와 비재무성과 과제의 구분이 모호하다.
5. 역량강화나 프로세스 체질 강화형 과제들을 어떻게 발굴할지 난감하다.
6. Quick성 과제들을 난이도 높은 과제로 둔갑시킨다.
7. Bottom-up으로 마련된 유사 과제들을 묶어 사업부 과제로 만들곤 한다.
8. 과제 선정 방법론에 신뢰가 안 가고 매번 접근 과정도 바뀐다.
9. 많은 직원들을 참여시키기가 현실적으로 어렵다.

이외에도 조금만 고민하면 더 많은 유형이 존재한다. 그럼 이들을 모두 극복하면서 기업에 정말 필요한 과제들은 어떻게 발굴할 것인가? 이 물음에 답

하는 길은 "기업이 필요로 하는 것은 진정 무엇일까?"에 답하는 것과 같다.

기업은 영리를 목적으로 하며 시장에서 생존과 동시에 성장도 이루어야 한다. 그 기저에는 '돈', 즉 '매출'이 있어야 하고 그로부터 '수익'이 발생해야 한다. 한 해 동안 핵심 인력들의 특정 활동은 곧 기업에 이익을 가져다주기 위한 역할을 수행하는 것이다. 따라서 과제 선정의 기본 원칙 하나는 '정확한 재무 과제의 발굴'에 있다. '재무 과제'는 기업의 매 회계 기준에 맞게 평가돼야 하므로 당해 연도에 한정되며, 이것은 단기적 성과로 분류된다. 하지만 현업에선 단기적 성과 외에도 중장기 목표 달성을 위해 당해에 꼭 이루어야 할 일들도 존재할 뿐더러, '재무 과제'란 프로세스가 효율적이지 못한 환경에 선 원하는 성과를 올리기에 제약이 따를 것이므로 프로세스의 체질과 인력의 역량을 강화시키는 일 또한 간과할 수 없다. 따라서 과제 선정의 또 다른 기본 원칙은 체질과 역량을 강화시킬 '꼭 필요한 비재무 과제의 발굴'이 포함된다. 혹자는 "기존과 차이가 전혀 없는데요!" 하고 의문을 가질 수 있으나 과제 선정 시작부터 '재무 과제'와 '비재무 과제'의 명확한 분리가 이루어지고, 특히 '재무 과제' 경우 재무제표의 '손익 계산서'에 정확하게 반영된다는 점이 다르다. 이를 요약하면 다음과 같다.

[표 B-2] 새로운 과제 선정 방법의 차별점

특징	내용
'재무 과제'와 '비재무 과제'의 분리	과제 선정 시작 단계부터 두 과제 유형으로 명확히 분류된다. 이는 서로 다른 접근법이 있음을 시사한다.
'재무 과제'의 '손익 계산서' 반영	과제 선정 시작 단계에 재무 과제는 '손익 계산서' 반영이 기정사실화된다.

사실 '재무 과제'와 '비재무 과제'는 서로 독립적이기보다 동일 프로세스 안에서 상호 의존 관계에 있으므로 이들의 실체를 시각화시키면 다음 [그림

B-1]과 같이 표현할 수 있다.

[그림 B-1] '재무 과제'와 '비재무 과제' 개요도

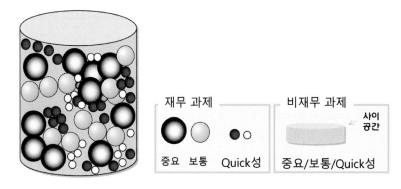

[그림 B-1]을 보면 원기둥 내 구슬들은 '재무 과제'를, 그 사이 공간은 '비재무 과제'를 형상화한 것이다. 이것은 마치 [그림 A-21]의 빙산에서 바다 위쪽은 재무적으로 파악이 가능한 비용을, 빙산 아래쪽은 재무적 파악이 어려운 비용을 표현한 것에 대응한다. [그림 B-1]의 빈 공간을 무시하고 '재무 과제'들로만 구성될 경우 사상누각이 될 수 있다. 그러나 빈 공간에 시멘트 같은 재료를 스며들게 해 원기둥의 강도를 높이는 개념이면 '재무'와 '비재무'의 상호의존 관계를 머리에 그려볼 수 있다. 둘을 따로 떼어놓고 해석해선 안 되는 이유이다. 이제 본 장에서 설명할 내용은 명백해졌다. [표 B-1]에서 언급했던 바와 같이 '재무 과제'와 '비재무 과제'를 어떻게 구별해서 발굴해내는가에 초점이 맞춰져야 하며, 이것은 각각에 적합한 방법론이 있음을 암시한다. 다음 [그림 B-2]는 과제 유형(재무, 비재무)과 각각에 적합한 방법론을 묘사한 것이다.

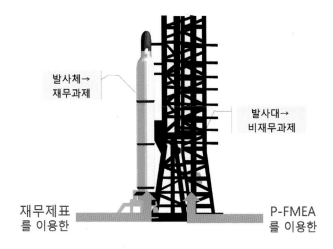

현재의 상황을 적절하게 표현할 방법이 무엇일까 고민하다 문득 한국 최초 우주 발사체 '나로호(KSLV-1)'를 생각해냈다. 물론 1차 발사('09.8.25)와 2차 발사('10.6.10) 모두 실패로 돌아갔고 우여곡절 끝에 최종 성공한 바 있다 ('13.1.30). [그림 B-2]는 '발사체 → 재무 과제', '발사대 → 비재무 과제'에 비유한 것으로, 엄격히 말하면 '발사체' 역시 맨 위(빨간색 부분)에 고정된 '위성'을 위한 보조 수단이지만 우주 공간으로 날아갈 핵심 부위임엔 틀림없다. 따라서 '발사체'가 꼭 이루고자 하는 대상(마치 회사가 생존과 성장을 위해 수익을 올리려는 것과 같이)이라면, '발사대'는 이루고자 하는 핵심은 아니지만 없어서는 안 될 보조 대상으로 분류될 수 있다. '발사체'와 '발사대' 둘 간의 상호작용이 없다면 위성을 지구 궤도에 올리는 과제는 요원할 것이다.

'재무 과제'와 '비재무 과제'의 성격에 대해 알아보자. 전자인 '재무 과제'는 글자 그대로 성과가 '재무', 즉 '돈'의 단위로 표현되는 과제이다. 그렇다고 '돈'의 단위 모두가 '재무성과'로 이어지진 않는다. 반드시 실체가 있어야 한다. 예를 들어, 과제성과로 인해 100만 원의 수익을 냈다면 회사 통장 잔고에 100만 원이 꽂혀야 한다. 그렇지 않다면 수개월간 추진된 과제의 재무성과는 공염불에 불과하다. 그런데 과제 완료 후 수많은 과제들 모두의 재무성과가 일일이 통장에 반영됐는지 여부를 확인하는 일은 너무 우스꽝스럽다. 좋긴 하지만 실제 기업에서 그렇게 할 리 만무하기 때문이다. 무슨 방법이 없을까? 과제 수행을 통해 '재무성과'가 났다면 기업에서 그 실체를 확인하는 방법 말이다. 과거 학창 시절을 떠올려보자. 같은 반 친구들 중엔 팝송에 마니아인 녀석도 있고, 그림을 남달리 잘 그리는 녀석, 뜀박질 잘하는 녀석 등등 다양한 소양과 취미를 갖고 있지만 결국엔 그들을 평가할 유일한 잣대는 '성적표'다. 반우들의 능력을 개성대로 파악해 정량화할 수 있는 수단은 그 외엔 별로 없었다. 기껏해야 '성적표' 한구석에 담임선생님이 활동 사항을 두어 줄 기록하는 게 전부일 뿐이다. 모두의 개성과 특기가 어찌되었든 결국 내신 등급을 매기고 대학에 가기 위한 순위결정엔 여지없이 '성적표'가 중심에 자리하고 있음을 부인할 수 없다. 같은 원리 아닐까? 기업 말이다. 기업도 1년 동안 잘했고 못했는지를 확인할 '성적표'가 있어야 한다. 이를 통해 애널리스트들은 그 기업의 수익성, 성장성, 활동성 등을 분석해 투자자들에게 알리고, 투자자들은 자금을 넣을지 말지를 결정한다. 또 기업내부에서도 이런 '성적표'가 있으면 한 해 동안 얼마만큼 직원들이 노력했고, 목표대비 실적을 올렸으며, 노고에 대한 인센티브 제공여부도 결정할 수 있다. 이와 같이 기업의 '성적표'에 대응하는 실체가 바로 '재무제표'다. '재무제표'는 정성적 평가란 있을 수 없다. 정량적이며 단위는 '원(W)'으로 통일된다. '손익 계산서'에 큰 이익이 올라가면 기업은 한 해 동안 장사를 잘한 것이고, 직원들의 노력도 칭찬받을 만하다. 그 반대이면 전체를 이끌었던 대표뿐만 아니라 회사로부터 급여를 받고 있는 직원 모두가 마음이 불편하다. 실적이 훨씬 더 나빠지면 마음이 불편한 것에서 불안으로 바뀔 수도 있다. 회사를 떠나야 할지도 모르기 때문이다. 따라서 '재무제표'는 한 기업의 능력을 파악하는 데 전혀 손색이 없다는 것을 알 수 있다. 이런 점을 감안할 때, '재무제표'의 하향 전개로부터 해야 할 일들을 찾고 실행을 통해 목표를 달성한 뒤, 다시 역으로 성과를 합쳐 나가면 재무적 관점의 다양한 활동은 [표 B-1]에서 언급된 기존 '과제 선정 방법론'들의 '단점'을 명료하게 극복할 수 있다. 적어도 재무 성과 측면에서 최선의 해법이 될 수 있으며, 이런 접근을 앞으로 「**재무제표 접근법**」으로 명명하겠다. 사실 이 접근법은 이미 '종합 생산성 혁신(TP, Total Productivity)' 분야에서 '목표 전개'란 타이틀로 소개된 바 있다. 그러나 그의 장점을 취하면서 훨씬 단순한 접근법을 소개할 것이다.

  '비재무 과제'는 [그림 B-1]과 [그림 B-2]에서 '비어 있는 공간'과 '발사대'로 각각 묘사하였다. 평소엔 눈에 잘 보이지 않거나 '발사대'처럼 보조의 태생적 기능 때문에 모두의 주목을 받기란 쉽지 않다. 그러나 직면하고 있는 문제의 대부분은 예상치 못한 영역에서 터져 나오는 경우가 많다. 그 이유는 눈에 보이고 또 중요하다고 생각되는 대상들은 항상 관심을 갖거나 관리되고 있는 반면, 눈에 보이지 않는 대상들은 실체가 불분명하므로 문제가 터져 나올 때까지 그 유동을 읽어낼 수 없기 때문이다. 이들을 '잠재 문제(Potential Problem)'라 하고, 사전 적출하기 위한 활동을 '잠재 문제 분석(Potential Problem Analysis)' 또는 '위험 관리(Risk Management)'라고 부른다. '잠재 문제 분석'과 '위험 관리'의 세부 절차를 관찰하면 현재의 문제가 무엇인지 찾아내는 단계가 포함돼 있으며, 찾아진 문제들을 해결 중요도 순으로 선별하면 현재 주제인 '과제 선정'과 연결된다. 이와 같이 우리 주변에 내재된 잠재 문제들을 모두 찾아내 순위를 결정한 뒤 해결할 목적으로 사용되는 가장 일반적이고 원론적인 도구에 'FMEA(Failure Mode and Effect Analysis)'가 있다. 'FMEA'는 설계 목적으로 활용되는 'D-FMEA(Design FMEA)'와 프로세스 개선 목적으로 활용되는 'P-FMEA(Process FMEA)'가 있으며, '과제 선정'이 프로세스 내 잠재 문제들을 찾아 해결하려는 기본적 성향을 갖고 있으므로 후자가 현 주제에 적합하다. 앞으로 이 접근법을 「P-FMEA 접근법」이라 부를 것이다. 전체적인 개요는 [그림 B-2]를 다시 참고하기 바란다.

지금까지 '창조적'이진 않지만 '새로운'으로 대변될 「재무제표 접근법」과 「P-FMEA 접근법」의 필요성과 개요에 대해 설명하였다. 이 둘의 조합을 통해 [그림 B-1]과 같이 원기둥 내 눈에 보이고 꼭 필요한 과제들뿐 아니라 보이진 않지만 중장기 목표 달성을 위해, 또는 눈에 보이는 과제들의 완성도를 높일 체질 강화 목적의 과제들이 빠짐없이 발굴될 수 있음을 확신할 수 있다. 정성적 도구들 중 '로직트리(Logic Tree)'에서 자주 거론되던 'MECE (Mutually Exclusive and Collectively Exhaustive)', 즉 "중복되지 않고 누락 없는" 상태와 비교된다. 이 접근법들의 활용엔 몇 가지 문제점들도 있지만 치명적이지 않는 한 극복해 나가면서 원하는 바를 얻는 데 주력할 것이다. 이제부터 두 접근법들에 대해 자세히 알아보자.

1. 「재무제표 접근법」을 이용한 재무 과제 발굴법

'재무제표'는 기업의 한 해 농사에 대한 '성적표'다. 제도적으로 오류가 있어서도 조작이 있어서도 안 된다(가끔 우려했던 바가 현실화돼 대표가 은팔찌 차고 TV에 출현하기도 하지만). 일단 신뢰해도 좋다는 신호다(신뢰성). 또 기업의 성적표이니 해당 기업을 대표하는 척도로서도 손색이 없다(대표성). 작성 과정과 결과는 모두 수치로 표현해야 하므로 사람들 간 이견을 최소화시킬 수 있다(객관성). 끝으로 기업 내 계정별 하위 지표들의 총합을 표기하고 있으므로 다양한 하위 활동들을 추정하는 근거로 활용할 수 있다(함축성).

만일 '함축'된 덩어리를 풀어서 우리에게 유용한 '정보'로 나열할 수 있다면 금상첨화다. 어떤 하위 정보는 타사 대비 뛰어날 수도, 혹은 부족할 수도 있다. 전자는 강점으로, 후자는 취약점이므로 만일 취약한 부분을 강화시킬 묘안을 고안해 보완한다면 기업의 '재무제표'는 분명히 개선될 수 있다.

[그림 B-3] '재무제표'와 '과제'의 관계

[그림 B-3]을 보자. 열매가 달린 영역은 '재무제표'를 나타낸다. 재무제표 영역엔 재무상태표(구 대차대조표)와 손익 계산서, 현금 흐름표 등이 있으며 다시 하부 항목들로 분류되는데, 하부 항목들은 나무에 매달린 '사과'에 대응한다. 하부 항목들을 조합하면 그 기업의 '수익성', '성장성', '활동성', '안정성', '생산성' 외에도 다양한 상황을 유추할 수 있다. 만일 '안정성' 지표가 좋다면 계산에 쓰인 하부 항목에 대응하는 '사과'는 매우 탐스럽게 표현될 수 있다.

[그림 B-3]의 뿌리는 '과제 영역'이다. 재무제표 영역의 항목들을 이용해 각 부문별로 수준을 세분하고 분석하면 취약한 영역들이 드러나게 되며, 이 영역들을 향상시키기 위한 목표 설정과 활동을 규정하면 '과제'가 탄생한다.

과제엔 시급성이나 난이도 등에 따라 중요, 보통, Quick성 과제들로 구성된다 (사업부 과제는 하위 과제들로 구성되므로 그림에 포함시키지 않았다). 과제가 완료되면 거의 대부분이 재무 과제가 되고, 성과는 그대로 합쳐져 다시 재무제표 영역의 각 하부 항목(사과)들을 성장시킨다. 과제 활동의 목적은 '개선'에 있으므로 하부 항목들은 당연히 좋은 쪽으로 변화가 일어나며, 이들의 재평가(수익성, 성장성, 활동성, 생산성 등)를 통해 회사 전체의 재무 구조가 향상되었음을 확인한다. 과제를 하면서 늘 확인하고 싶었던 '재무성과'가 과제 수행 전과 후 모두에 걸쳐 정확히 확인되고 관리되는 효과를 얻는다.

참고로 [그림 B-3]의 나무 중간엔 아래로 향하면 '세분화', 즉 다양한 과제로의 전개가, 위로 향하면 과제 수행 결과로 나온 재무성과가 재무제표 하부 항목들로 종합(또는 표출)된다는 의미의 '종합화'가 표기돼 있다.

그런데 의문이 생긴다. '재무제표'는 분명 지나간 과거의 자료(후행 지표)인데 이를 바탕으로 부족한 영역을 찾아 개선하는 것은 의미가 있지만, 진정 기업이 필요로 하는 바는 향후 무엇을 해야 하는지와 같은 미래 지향적 활동도 요구되는데 이에 대한 정보는 얻을 수 없다. 그러나 의문에 대한 해답은 의외로 간단하다. 미래형이란 당해 연도에 무엇을 해야 할 것인가와 3년, 5년 이후, 즉 중장기적으로 무엇을 해야 하는가 인데 이런 내용은 당해 연도 사업 계획, 중장기 사업 계획에 잘 나와 있으므로 '매출'이나 '영업 이익' 등과 같은 '목표'만 따다가 활용한다.

「재무제표 접근법」에 의한 과제 발굴을 전체 정리하면 **직전 연도 '재무제표'를 해석해 취약한 영역을 확인함과 동시에 사업 계획에 언급된 새로운 '목표'를 할당해 시뮬레이션한 뒤 그에 걸맞은 과제를 발굴**한다. 다음은 개요도를 나타낸다.

[그림 B-4] 현재/미래가 결부된 '과제 발굴' 개요도

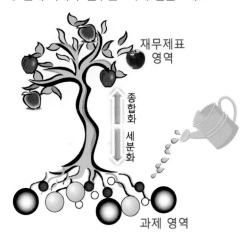

재무제표
영역

종합화
세분화

과제 영역

[그림 B-4]는 나무를 현재보다 크게 성장시킨다는 의미의 '물주기'가 추가됐다. 이 개요도는 현 재무제표에 사업 계획 목표를 할당함으로써 미래 지향적 과제를 발굴하는 데 이용할 수 있다('사업 계획 목표'는 현재보다 나은 수준이며, 나무 역시 현재보다 나아지기 위해선 물이 필요. 따라서 '사업 계획 목표=물'에 대응시킨 예임). 현재에 부족한 부분과 앞으로 채워야 할 부분 모두를 아우르는 과제 발굴을 재무제표 내에서 해결할 수 있음을 다시 강조하는 바이며, 상세한 접근법에 대해선 앞으로 설명이 이어진다.

「재무제표 접근법」을 활용해 과제를 선정하려면 기본적으로 재무제표에 대한 사전 이해가 요구된다. 그러나 과제 발굴을 위한 아주 기본이 되는 사항들만 확인할 것이며, 좀 더 관심 있는 독자는 관련 서적을 참고하기 바란다.

  과제 선정을 위한 방법으로 「재무제표 접근법」을 제안했으니 지금부턴 바탕이 되는 '재무제표(財務諸表)'에 대해 간단히 알아보자. '재무(財務)'는 "돈이나 재산에 관한 일"이고, '제(諸)'는 "모든, 여러"의 의미이므로 '재무제표'란 "돈이나 재산에 관한 일을 모아놓은 (여러) 표들" 정도가 될 듯싶다. 사전적 의미는 다음과 같다.

· **재무제표(Financial Statements)** (국어사전) 기업이 회계 연도가 끝나는 때에 결산 보고를 하기 위하여 작성하는 여러 가지 종류의 회계 보고서. 기업 회계 원칙에 따라 작성되며, 기업의 경영 성적 및 재정 상태를 외부에 공개할 때 쓴다. (네이버 용어사전 일부내용 추가) 기업회계기준서 제 21호에서는 대차대조표(현 재무상태표), 손익 계산서, 이익잉여금처분계산서(결손금처리계산서), 현금흐름표, 자본변동표, 주석을 포함하고, 재무제표이용자의 의사결정에 유용할 것으로 판단되는 여러 가지 명세서(예, 제조원가명세서)와 경영자의 분석보고서나 검토보고서 등과 같은 설명 자료를 첨부할 수 있도록 하고 있다.

  정의 중에 쓰인 "회계 원칙에 따라~"는 '객관성'과 '신뢰성'을 반영하고, "기업의 경영 성적 및 재정 상태를~"은 과제 발굴의 가능성을 시사한다. '경영 성적'이나 '재정 상태'가 안 좋게 나왔다면 드러내서 보강해야 하기 때문이다. '재무제표' 중에서 가장 중요하고 대표적인 표를 들라면 '재무상태표'와 '손익 계산서'다. 이들의 구조와 내용을 개괄적으로 이해하면 과제를 발굴하기 위해 필요한 사전 지식은 습득된 것으로 본다. 다음 [그림 B-5]는 '재무상태표(구 대차대조표)'와 '손익 계산서'의 이미지를 보여준다.

[그림 B-5] '재무상태표(구 대차대조표)'와 '손익 계산서' 이미지

1. 대 차 대 조 표

제 4(당) 기 20xx년 12월 31일 현재
제 3(전) 기 20xx년 12월 31일 현재

(단위 : 원)

과 목	제 4 (당)기 금 액	제 3 (전)기 금 액
자 산		
I. 유 동 자 산	703,509,056	770,233,712
(1) . 당좌 자산	703,509,056	770,233,712
1. 현금예금	263,677,606	435,084,171
2. 정기예금	340,000,000	300,000,000
3. 미수수익	10,373,040	7,729,861
4. 선납세금	1,663,460	1,789,520
5. 미 수 금	87,794,950	25,630,160
II. 고 정 자 산	67,544,219	102,172,102
(1)유형자산	60,183,385	91,071,268
1. 차량운반구	14,537,540	14,537,540
감가상각누계액	8,964,816 5,572,724	6,057,308 8,480,232
2. 공기구비품	138,802,128	139,132,128
감가상각누계액	84,191,467 54,610,661	56,541,092 82,591,036
(2)무형자산	7,360,834	11,100,834
1. 소프트웨어	7,360,834	11,100,834
자 산 총 계	771,053,275	872,405,814
부 채		
I. 유 동 부 채	521,053,275	622,405,814
1. 예 수 금	297,127,085	205,569,596
2. 미지급비용	112,467,105	74,417,855
3. 사업비정산반환금	79,678,985	342,418,363
4. 미지급금	31,780,100	0
II. 고정부채	0	0
부 채 총 계	521,053,275	622,405,814
자 본		
I. 자 본 금	250,000,000	250,000,000
1. 자 본 금	250,000,000	250,000,000
II. 이 익 잉 여 금	0	0
1. 미처분이익잉여금	0	0
(당기순이익)		
자 본 총 계	250,000,000	250,000,000
부채와자본총계	771,053,275	872,405,814

2. 손 익 계 산 서

제 4(당) 기 20xx년 1월 1일 부터 20xx년 12월 31일 까지
제 3(전) 기 20xx년 1월 1일 부터 20xx년 12월 31일 까지

(단위 : 원)

과 목	제 4 (당)기 금 액	제 3 (전)기 금 액
I. 영업수익	7,017,816,735	5,455,315,267
1. 사업대행수입	7,007,495,720	5,797,733,630
2. 잡이익환급	(-)179,678,985	(-)342,418,363
II. 영업비용	7,017,624,235	5,455,315,267

[그림 B-5]에서 노란색으로 표시한 단위들을 '계정'16)이라 하고, 그 이하 항목들에 부여된 명칭들을 '계정 과목'이라고 한다. 일반적으로 '재무상태표'엔 자산 계정, 부채 계정, 자본 계정이, '손익 계산서'엔 수익 계정, 비용 계정들이 포함된다. 또 각각의 계정들엔 다수의 세분화된 '계정 과목'들이 속해 있다. 각 표에는 '3기'와 '4기'로 구분돼 실적을 기록하고 있는데 '3기'는 전년도 실적을, '4기'는 당해 연도 실적을 나타내며(물론 매년 기수는 하나씩 증가한다), 이로부터 기업 실적이 전년도에 비해 얼마나 향상되었는지 또는

---

16) '계정(Account)'이란 '회계 장부'를 일컫는다. 우리가 금융거래에 자주 쓰고 있는 '은행 통장'도 하나의 '장부'인데 그 안에 각종 '입출금 내역'과 '액수'가 기록되듯 '계정', 즉 '회계 장부'엔 '계정 과목'들과 그와 관련된 '금액'들이 기록된다. 여기선 이해를 돕기 위해 '자산', '부채', '자본', '수익', '비용' 등을 '장부'로 표현하였고, 그 아래에 유형이 같은 '계정 과목'들이 묶여 있는 구조를 이룬다.

감소되었는지를 쉽게 파악할 수 있다. [표 B-3]과 [표 B-4]는 모든 '계정 과목'들을 요약한 것이며, [그림 B-5]와 비교해보기 바란다.

[표 B-3] 재무상태표

계정	계정 과목 1		계정 과목 2
자산	유동 자산	당좌자산	현금 및 현금성 자산, 보통예금, 당좌예금, 외화예금, 단기금융상품, 정기예금, 정기적금, 단기매매증권, 매출채권, 대손충당금, 단기대여금, 미수금, 공사미수금, 분양미수금, 미수수익, 선급금, 선급비용, 선급공사비, 선납세금, 부가가치세대급금, 가지급금, 전도금, 이연법인세자산
		재고자산	상품, 미착금, 적송품, 제품, 부산물, 작업폐물, 반제품, 재공품, 원재료, 매입부분품, 저장품, 미분양상품, 미완성건물
	비유동 자산	투자자산	투자부동산, 장기금융상품, 장기투자증권, 매도가능증권, 만기보유증권, 지분법적용투자주식, 장기대여금
		유형자산	토지, 설비자산, 건물, 구축물, 기계장치, 건설 중인 자산, 차량운반구, 선박, 비품, 공기구
		무형자산	영업권, 산업재산권, 개발비, 라이선스와 프랜차이즈, 저작권, 컴퓨터 소프트웨어, 임차 권리금, 광업권, 어업권
		기타 비유동자산	장기성매출채권, 보증금, 장기선급비용, 장기미수수익, 장기선급금, 장기미수금
부채	유동부채		단기차입금, 외화단기차입금, 매입채무, 외상매입금, 지급어음, 미지급금, 선수금, 선수수익, 공사선수금, 분양선수금, 예수금, 부가가치세예수금, 미지급비용, 미지급법인세, 미지급배당금, 가수금, 예수보증금, 단기충당부채, 공사손실충당금, 하자보수충당금, 유동성장기부채, 이연법인세부채
	비유동부채		사채, 신주인수권부사채, 전환사채, 장기차입금, 퇴직급여충당부채, 장기제품보증충당부채, 장기미지급금, 장기선수금, 장기선수수익
자본	자본금		보통주자본금, 우선주자본금
	자본잉여금		주식발행초과금, 감자차익, 자기주식처분이익, 기타자본잉여금
	자본조정		자기주식, 주식할인발행차금, 주식매수선택권, 출자전환채무, 감자차손, 자기주식처분손실, 배당건설이자, 미교부주식배당금, 신주청약증거금
	기타 포괄손익누계액		매도가능증권평가손익, 해외사업환산손익, 현금흐름위험회피파생상품평가손익
	이익잉여금(or 결손금)		법정적립금, 임의적립금, 미처분이익잉여금(or 미처리 결손금)

[표 B-4] 손익 계산서

계정	계정 과목 1	계정 과목 2
수익	매출액	▷ 산식: 총매출(상품, 제품, 반제품, 부산품, 잔폐물 등) -(매출에누리, 매출환입, 매출할인) 매출에누리, 매출환입, 매출할인
	영업외수익	이자수익, 배당금수익(주식배당액 제외), 임대료, 단기투자자산평가이익, 단기투자자산처분이익, 외환차익, 파생금융상품거래이익, 파생금융상품평가이익, 외화환산이익, 사채상환이익, 전기오류수정이익, 유형자산처분이익, 투자자산처분이익, 장기투자증권손상차손환입, 채무면제이익, 보험차익, 지분법이익, 법인세환급액, 자산수증이익, 잡이익
비용	매출원가	▷ 산식(제품매출원가)=기초제품재고액+당기제품제조원가 -기말제품재고액±생산, 판매 또는 매입 외의 사유로 증감액(관세환급금, 재고자산평가손실, 재고자산평가손실환입, 정상감모손실) ▷ 산식(상품매출원가)=기초상품재고액+당기상품매입액(매입할인, 매입환출, 매입에누리 차감) -기말상품재고액±생산, 판매 또는 매입 외의 사유로 증감액 매입에누리, 매입환출, 매입할인, 관세환급금, 재고자산평가손실, 재고자산평가손실환입, 재고자산감모손실
	판매비와 관리비	급여, 퇴직급여, 명예퇴직금, 복리후생비, 접대비, 통신비, 수선비, 수도광열비, 세금과공과, 감가상각비, 무형자산상각비, 임차료, 보험료, 차량유지비, 여비교통비, 운반비, 연구비, 경상연구개발비, 교육훈련비, 도서인쇄비, 회의비, 포장비, 소모품비, 지급수수료, 광고선전비, 대손상각비, 판매수수료, 보관료, 견본비, 외주비, 협회비, 잡비 등
	영업외비용	이자비용, 기타의대손상각비, 장기투자증권손상차손, 매도가능증권처분손실, 재고자산감모손실, 기부금, 단기투자자산처분손실, 단기투자자산평가손실, 유형자산처분손실, 사채상환손실, 외환차손, 외화환산손실, 파생금융상품거래손실, 파생금융상품평가손실, 법인세추납액, 매출채권처분손실, 전기오류수정손실, 지분법손실, 잡손실
	법인세비용	법인세 등

편의상 '계정 과목 1'과 '계정 과목 2'로 나누었는데, [그림 B-5]의 '재무
상태표'와 '손익 계산서'엔 '계정 과목 1' 항목들로 금액이 종합돼 있다. 현업
에선 '계정 과목 2'의 각 항목들이 더 세분화되어 관리된다. 예를 들어 '자
산>유동 자산>당좌 자산>현금 및 현금성 자산'에는 '우편환 증서', '기일 도
래 공사채 이자표', '가계 수표' 등이 존재한다. 그러나 [표 B-3]과 [표 B-
4] 이하의 세부 항목들은 편의상 포함시키지 않았다.

혹 의문이 생길 수도 있다. "왜 이 항목들 모두를 실어 놨을까?" 하고 말
이다. [표 B-3]과 [표 B-4]의 항목들을 보면 한 기업 내 대부분 부서에서
'돈'과 연계돼 관리되고 있는 거의 모든 유형들이 총망라돼 있음을 알 수 있
다. 이것은 재무 과제를 발굴하는 데 있어 재무제표를 이용하는 방법이 특정
부서나 영역에 치우쳐 있지 않다는 것과, 적어도 재무성과는 표에서 나열된
항목들로부터 빠짐없이 산출될 수 있음을 확인시키기 위해서다. 「재무제표
접근법」의 타당성을 알리기 위한 자료로 이해해주었으면 한다.

1.2. 재무 과제 발굴 흐름도

「재무제표 접근법」을 이용해 순수 재무 과제를 발굴해내기 위해선 몇 가지
단계를 거쳐야 하는데 쉽게 이해할 수 있도록 흐름도를 작성해보았다. 앞으로
의 설명은 흐름도에 지정된 번호를 중심으로 이루어질 것이다(①~⑤). 다음
[그림 B-6]은 상세 흐름도를 보여준다.

[그림 B-6] 「재무제표 접근법」 흐름도

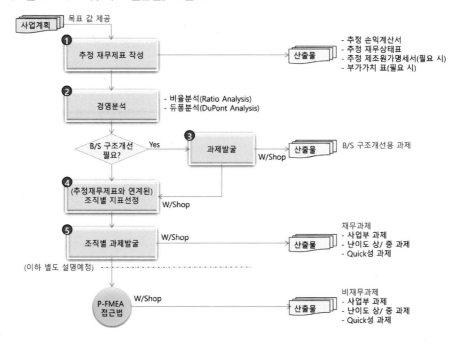

기업의 '사업 계획'으로부터 당해 연도 '목표'가 제공되면 그를 이용한 '추정 재무제표'가 만들어지고, 이를 바탕으로 '경영 분석'을 통해 'B/S 구조 개선용 과제'가 탄생한다(해당 사항 없으면 이 단계는 생략한다). 이어 '추정 재무제표'와 연계된 '조직별 지표'가 확정되면 이들을 근거로 '조직별 재무 과제'가 각 조직별 워크숍을 통해 발굴된다. 이후 '비재무 과제' 발굴을 위한 「P-FMEA 접근법」이 이어진다.

'추정 재무제표'를 이용한 접근은 'TPI(Total Productivity Innovation)'에서의 '목표 전개'와 유사하나 할당 금액을 달성하기 위해 최하부 영역까지 전개하지 않는 차이점이 있다. [그림 B-6]의 세부 단계에 대해 자세히 알아보자.

1.3. 재무 과제 발굴 단계별 설명

「재무제표 접근법」을 이용한 과제 발굴을 위해 [그림 B-6]의 흐름도에 맞춰 단계별로 학습해보자. 참고로 '①~③ 단계'는 총괄 부서인 경영 지원팀이나 재무팀 등에서 일괄 수행하는 것이 바람직하다.

① 추정 재무제표 작성

재무 과제의 종착역은 '손익 계산서'임을 부인할 수 없다. 금전적 성과를 냈다면 누군가의 호주머니에 가만히 잠겨둘 이유가 없기 때문이다. 경영 혁신 도입 초창기 때 국내 모 기업의 과제 발표장에서 대표이사가 했던 지적이 기억난다. "재무성과가 수백억이란 보고를 받았는데 도대체 그 돈이 다 어디 있는지 모르겠군요!..." 이런 표현은 그래도 나은 편에 속한다. 우스갯소리인 진 몰라도 매출을 초과하는 성과가 나온 적도 있다는 얘기도 돌았다. 물론 초창기 때 회자된 얘깃거리지만 안타깝게도 아직 이런 혼란 속에서 경영 혁신이 이루어지는 기업이 있는 것도 사실이다. 성과가 어디에 모이는지 불분명하기 때문에 과제 리더나 경영자 모두 과제 수행에 불만이 많다. 이와 같은 악순환이 계속되면 몇 년 동안 세차게 추진됐던 혁신 활동은 치켜세웠던 깃발을 슬며시 내리거나 회사 어느 한구석에서 명맥만 유지하는 천덕꾸러기로 전락한다. 과제 성과는 리더 스스로 '손익 계산서'에 얼마를 기여할 것인지 알아야 하며, 개개 과제 성과를 모두 모으면 재무제표가 어떻게 변모하는지 경영자에게 명확히 전달돼야 한다. 따라서 과제 선정 단계 시점에 '추정 재무제표'를 작성하는 일은 매우 의미 있는 일이다. 참고로 '추정 재무제표'는 다음과 같은 구조 속에서 이해되곤 한다.

회계의 종류	사전적 정의	분석
재무 회계	기업의 경영활동을 인식, 기록, 분류, 정리하여 **재무제표**라는 회계보고서를 기업 외부에 공표할 목적으로 작성하는 외부보고를 위한 회계	재무제표 분석
관리 회계 (원가 회계 포함)	경영자가 경영관리활동에 도움을 주는 것을 목적으로 한 내부보고 회계	계량화 자료(주가, 거래량, 시장점유율, 불량률 등) + 재무 분석
세무 회계	국가재정조달을 위해 세법의 규정에 따라 공평 타당한 조세부담의 배분기준으로서 과세소득의 계산파악을 목적으로 하는 회계	비 계량화 자료(경쟁, 환경, 제품의 질, 경영능력 등) + 경영 분석
회계 감사	회계기록 담당자가 작성한 일련의 회계기록(회계전표, 제계정원장, 각종 보조부, 계산표, 시산표, 재무제표 등)이 정확하며 타당한가를 판단하고 그 결과에 대한 증명을 하거나 의견을 제출하는 일	'재무회계'에서 작성된 '재무제표'를 이용한 분석'이 '재무제표 분석'이며, '추정 재무제표'는 주로 '재무 분석'에서 다루어진다.[17]

　　혹자는 '추정 재무제표'에서의 '추정'이란 단어에 매우 민감하게 반응한다. 향후 1년 동안의 기업 활동 성적표를 정확하게 맞출 수는 없으므로 무슨 의미가 있을 것인가 하는 의견이다. 그러나 '과제 선정' 단계에서의 '추정 재무제표' 작성은 '재무제표'를 정확히 추정하는 게 목적이 아니라 '사업 계획서'에서 논한 재무적 목표를 달성하기 위해 어디에 얼마만큼 힘을 실어 추진할 것인지 가늠하는 데 더 큰 목적이 있다. 이런 점을 감안한 '추정 재무제표 작성'의 장점은 첫째, [그림 B-6]에서 보이듯 '사업 계획'에 포함된 매출액, 영업 이익 등 목표 수준을 할당받아 재무제표를 추정하게 되므로 기존에 알고 있던 '회귀 분석' 등을 이용한 매출액 추정 작업은 불필요하다는 점, 둘째,

---

17) 출처에 따라 '재무제표 분석', '재무 분석', '경영 분석'을 동일하게 보는 시각도 있음. 그림은 서적 「현금 흐름 분석에서 기업 가치 평가까지 재무제표 분석 비법노트_한만용·조문기·손원준 저, 지식만들기」에 수록된 분류임.

B/S(Balance Sheet) 구조 개선을 위한 과제 발굴이 가능하다는 점, 셋째, 일단 작성된 '추정 재무제표'가 회사 재무 구조를 충분히 만족시킨다면 과제 수행 기간 동안 시장 상황에 따른 과제 추가 발굴, 또는 관리(Audit 등)를 통해 애초의 목표를 계속 유지시켜 나갈 수 있다는 점 등이다. 과제 수행 기간 내내 기업 성적표인 '재무제표'와 연동해서 작동된다는 점을 상기시키고, 이를 통해 흔히 거론되는 '전략과의 연계'를 실천하게 된다. 물론 리더의 노력과 역량의 대가 역시 객관적으로 파악되는 계기가 될 것이다. 과제 선정의 시발점이 되는 '추정 재무제표' 작성법은 다양한 접근이 가능할 것이나 본문에서는 단순한 전개를 소개할 것이며,18) 이외 사항들은 처한 분야나 상황에 따라 본문 내용을 가감해서 활용하기 바란다. 이제 작성례를 통해 과정을 이해해보도록 하자.

　'추정 손익 계산서'를 먼저 작성한다. 매출액 변화에 비례적으로 변동하는 재무제표 각 '계정 과목' 예측 방법에 '매출액 백분율법(Percent of Sales Method)'이 있다. 소개 중인 예는 당해 연도 '사업 계획서'에서의 '목표 매출액'과 '목표 영업 이익'을 받아서 '추정 손익 계산서'를 작성하게 되므로 기존 자료를 이용해 '매출액'이나 '영업 이익'을 별도 추정할 필요는 없다. 따라서 '사업 계획서'로부터 내려 받는 정보를 최대로 활용하여 '추정 손익 계산서'를 작성하되 내려 받지 않은 '계정 과목'들은 앞서 언급한 '매출액 백분율법'을 활용하여 추정한다. 만일 '매출액' 등이 정해져 있지 않은 상황이면 직전년도 '매출액 증가율' 등을 통해 향후 연간 매출액 추정을 선행한다. 다음 [표 B-6], [표 B-7]은 '손익 계산서'의 모든 '계정 과목'이 매출액에 비례한다는 단순 가정하에 작성된 '추정 손익 계산서' 예이다('사업 계획서'의 '매출액'과 '영업 이익'을 내려 받지 않은 경우임).

---

18) 서적 「재무 분석의 이론과 실제」김종오 지음, 에피스테메」를 참조함.

[표 B-6] '추정 (요약)손익 계산서' 산정 방법(단위: 십만)

계정 과목	'11(추정)	'10	'09	'08	평균	비중
매출액	=('10년도 매출)×('09→'10 매출액 성장률)	9,278,414	8,902,957	7,157,490	8,446,287	100
매출원가	=('11추정 매출액)×(3개년	6,920,291	8,746,370	6,325,033	7,330,565	86.8
매출총이익(손실)	매출평균 대비 3개년 각 계	2,358,123	156,587	832,457	1,115,722	13.2
판매비와 관리비	정 과목 평균의 비중)	367,613	435,152	388,256	397,007	4.7
영업 이익(손실)		1,990,510	−278,565	444,201	718,715	8.5
영업외 수익	※단, 평균 계산에 몇 개년	1,020,382	413,395	183,382	539,053	6.4
영업외 비용	자료를 사용할지는 처한 상	301,898	691,052	182,346	391,765	4.6
법인세비용차감전 순이익(손실)	황에 따라 판단	2,708,994	−556,222	445,237	866,003	10.3
법인세비용	※'비중'은 소수점 이하 자릿 수가 모두 존재한 채(반올	54,617	201,573	161,732	139,307	1.6
당기순이익(손실)	림 없음)로 엑셀에서 이후 계산 진행함	2,654,377	−757,795	283,505	726,696	8.6

[표 B-7] '추정 (요약)손익 계산서' 결과 및 산출식(단위: 십만)

계정 과목	'11(추정)	'10	'09	'08	비고([표 B-6] '비중' 열)
매출액	9,669,705	9,278,414	8,902,957	7,157,490	='10매출×('10매출/'09매출)
매출원가	8,392,374	6,920,291	8,746,370	6,325,033	='11 추정 매출액×0.868
매출총이익(손실)	1,277,331	2,358,123	156,587	832,457	='11 추정 매출액×0.132
판매비와 관리비	454,512	367,613	435,152	388,256	='11 추정 매출액×0.047
영업 이익(손실)	822,819	1,990,510	−278,565	444,201	='11 추정 매출액×0.085
영업외 수익	617,133	1,020,382	413,395	183,382	='11 추정 매출액×0.064
영업외 비용	448,511	301,898	691,052	182,346	='11 추정 매출액×0.046
법인세비용차감전 순이익(손실)	991,441	2,708,994	−556,222	445,237	='11 추정 매출액×0.103
법인세비용	159,486	54,617	201,573	161,732	='11 추정 매출액×0.016
당기순이익(손실)	831,955	2,654,377	−757,795	283,505	='11 추정 매출액×0.086

[그림 B-6]의 '재무제표 접근법 흐름도'를 보면 '목표값(매출, 영업 이익 등)'이 할당되므로 [표 B-7]의 2011년도 '추정 매출액'과 '추정 영업 이익' 은 '사업 계획서'에 정해진 값으로 대체된다. 이 경우 [표 B-6]의 열 '비중' 을 활용하여 다른 '계정 과목' 값들을 재조정한다. 다음 [표 B-8]은 사업 계

획서상 '목표 매출액=11,250,000십만', '목표 영업 이익=1,023,750십만'으로 가정한 예이다.

[표 B-8] '추정 (요약)손익 계산서-사업 계획서 목표값 할당' 예(단위: 십만)

계정 과목	'11(추정)	'10	'09	'08	비고
매출액	11,250,000	9,278,414	8,902,957	7,157,490	사업 계획서에서 내려 받음
매출원가	9,763,918	6,920,291	8,746,370	6,325,033	='11 매출액×0.868
매출총이익(손실)	1,486,082	2,358,123	156,587	832,457	='11 매출액×0.132
판매비와 관리비	528,792	367,613	435,152	388,256	='11 매출액×0.047
영업 이익(손실)	1,023,750	1,990,510	−278,565	444,201	사업 계획서에서 내려 받음
영업외 수익	717,990	1,020,382	413,395	183,382	='11 매출액×0.064
영업외 비용	521,810	301,898	691,052	182,346	='11 매출액×0.046
법인세비용차감전 순이익(손실)	1,153,469	2,708,994	−556,222	445,237	='11 매출액×0.103
법인세비용	185,550	54,617	201,573	161,732	='11 매출액×0.016
당기순이익(손실)	967,920	2,654,377	−757,795	283,505	='11 매출액×0.086

[표 B-8]의 재조정된 '매출액'과 '영업 이익'을 제외하곤 나머지 '계정 과목'들은 모두 [표 B-6]의 '비중'을 그대로 적용했다. 이 결과 [표 B-8]의 '영업 이익=1,023,750'과 [표 B-6]의 '영업 이익 비중=8.5%'를 적용한 값 '957,290(=11,250,000×0.085)' 사이에 '66,460(=1,023,750 − 957,290)'의 차이가 생긴다('영업 이익'은 '사업 계획' 목표 값 그대로 할당했으므로 값 차이가 발생). 전체 균형을 위해선 이 차이 값만큼의 보정이 있어야 하는데 본 예의 경우 '매출액'에 더하는 방법을 선택했다. 그 이유는 '사업 계획서'상의 '목표 매출액'을 더 높이고 '추정 매출 원가'는 그대로 유지시킴으로써 과제 발굴 시 훨씬 심도 있는 고민을 유도하는 효과를 기대할 수 있기 때문이다. 최종 조정을 거쳐 완성된 '추정 (요약)손익 계산서'는 다음 [표 B-9]와 같다.

[표 B-9] '추정 (요약)손익 계산서' 최종 예(단위: 십만)

계정 과목	'11(추정)	'10	'09	'08	비고(산식)
매출액	11,316,460	9,278,414	8,902,957	7,157,490	조정됨([표 B-8]+66,460)
매출원가	9,763,918	6,920,291	8,746,370	6,325,033	=[표 B-8] '11 매출액×0.868
매출총이익(손실)	1,552,542	2,358,123	156,587	832,457	조정됨
판매비와 관리비	528,792	367,613	435,152	388,256	=[표 B-8] '11 매출액×0.047
영업 이익(손실)	1,023,750	1,990,510	−278,565	444,201	사업 계획서에서 내려 받음
영업외 수익	717,990	1,020,382	413,395	183,382	=[표 B-8] '11 매출액×0.064
영업외 비용	521,810	301,898	691,052	182,346	=[표 B-8] '11 매출액×0.046
법인세비용차감전순이익(손실)	1,219,930	2,708,994	−556,222	445,237	조정됨
법인세비용	185,550	54,617	201,573	161,732	=[표 B-8] '11 매출액×0.016
당기순이익(손실)	1,034,380	2,654,377	−757,795	283,505	조정됨

[표 B-9]를 보면 '원가'나 '비용'은 이전 값을 유지하는 대신, '매출'이나 '수익'은 [표 B-8]보다 증가된 양상을 보인다. 이것은 과제 발굴에서 보다 혁신적인 아이디어가 나올 수 있도록 의도한 결과이다. 목표가 커지면 생각하는 방법도 달라야 한다는 것을 보여주는 한 예라 할 수 있다. 다음은 '추정 재무상태표(구 대차대조표)'에 대해 알아보자.

'추정 재무상태표'는 작성이 다소 번잡하다. '재무상태표(Statement of Financial Position)'는 국내에 '국제회계기준(IFRS)'이 새롭게 도입되면서 기존의 '대차대조표(B/S, Balance Sheet)'를 대체한 용어이다. 여기서의 '추정 재무상태표'는 앞서 설명된 '추정 손익 계산서'와 동일하게 '재무상태표'를 구성하는 일부 항목들이 매출액에 따라 비례적으로 변동한다고 가정한다. 이 경우 '재무상태표'의 '유동 자산'과 '유동 부채' 등은 '매출액 백분율법'으로 추정 가능하다. 그 외 '비유동 자산(또는 고정 자산)'이나 '비유동 부채(또는 고정 부채)' 등은 변화 폭이 작다고 가정하고 직전년도 수치를 그대로 적용한다. 사안을 단순화하기 위해 한 기업의 3개년 '재무상태표'와 '추정 재무상태표 산정 방법'을 다음과 같이 가정하자(표내 원 숫자는 추정 순서임).

[표 B-10] '추정 (요약)재무상태표' 산정 방법(단위: 십만)

계정 과목	'11(추정)	'10	'09	'08	평균	비중
자산(②)						
1.유동자산	=('11추정 자산총계)×(3개년 자산총계 평균 대비 3개년 각 계정 과목 평균의 비중)	4,219,955	4,228,456	3,080,427	3,842,946	31.8
(1)당좌자산		2,744,587	2,421,865	1,996,103	2,387,518	19.8
(2)재고자산		1,475,368	1,806,591	1,084,324	1,455,428	12.0
2.비유동자산		10,989,904	7,826,033	5,917,521	8,244,486	68.2
(1)투자자산	※단. 평균 계산에 몇 개년 자료를 포함시킬지는 처한 상황에 따라 판단	1,178,420	1,594,072	1,703,089	1,491,860	12.3
(2)유형자산		9,641,962	6,086,876	4,095,755	6,608,198	54.7
(3)무형자산		33,371	34,838	39,135	35,781	0.3
(4)기타		136,151	110,247	79,542	108,647	0.9
자산총계(①)	=('10년도 자산총계)×('09→'10 총자산 증가율)	15,209,859	12,054,489	8,997,948	12,087,432	100
부채(④)	=('11추정 부채총계)×(3개년 부채총계 평균 대비 3개년 각 계정 과목 평균의 비중)					
1.유동부채		4,014,839	3,063,186	2,304,827	3,127,617	44.2
2.비유동부채		4,851,371	4,271,377	2,728,371	3,950,373	55.8
부채총계(③)	='10년도 부채총계 유지 가정	8,866,210	7,334,563	5,033,198	7,077,990	100
자본						
1.자본금(⑤)	'10년도 자본금 유지 가정 (증자나 감자계획 無)	441,770	433,437	432,890	–	–
2.자본잉여금	='10년도 자본총계 -'10년도 이익잉여금	1,176,968	904,134	826,823	–	–
3.자본조정		645,562	339,303	257,871	–	–
4.기타 포괄손익		506,591	135,834	96,820	–	–
5.이익잉여금(⑥)	='10년도 이익잉여금+'11년도 추정당기순이익 -'11년도 추정 배당금(별도산정)	3,572,758	2,907,218	2,350,346		
자본총계	–	6,343,649	4,719,926	3,964,750	–	–
부채와 자본총계	–	15,209,859	12,054,489	8,997,948	–	–

'추정 (요약)재무상태표'를 작성하기 전 [표 B-10] 내 '⑥'에 필요한 '11년도 추정 배당금'은 다음과 같이 산정한다.

11년도 추정 배당금

=11년도 추정 당기 순이익×직전 3년간 배당 성향

=1,034,380([표 B-9])×0.14(=3년간 평균배당금÷3년간 평균 당기 순이익)

=<u>144,813십만 원</u>   (B.1)

[표 B-10]을 이용한 '11년도 '재무상태표'를 1차로 추정하면 다음과 같다.

[표 B-11] '추정 (요약)재무상태표' 산정 예(단위: 십만)

계정 과목	'11(추정)	'10	'09	'08	비고(산식)
자산②					
1.유동자산	6,102,794	4,219,955	4,228,456	3,080,427	='11 자산총계*0.318
(1)당좌자산	3,799,853	2,744,587	2,421,865	1,996,103	='11 자산총계*0.198
(2)재고자산	2,302,941	1,475,368	1,806,591	1,084,324	='11 자산총계*0.120
2.비유동자산	13,088,381	10,989,904	7,826,033	5,917,521	='11 자산총계*0.682
(1)투자자산	2,360,515	1,178,420	1,594,072	1,703,089	='11 자산총계*0.123
(2)유형자산	10,497,573	9,641,962	6,086,876	4,095,755	='11 자산총계*0.547
(3)무형자산	57,574	33,371	34,838	39,135	='11 자산총계*0.003
(4)기타	172,721	136,151	110,247	79,542	='11 자산총계*0.009
자산총계①	19,191,175	15,209,859	12,054,489	8,997,948	=15,209,859*1.26
부채④					
1.유동부채	3,917,795	4,014,839	3,063,186	2,304,827	='11 부채총계*0.442
2.비유동부채	4,948,415	4,851,371	4,271,377	2,728,371	='11 부채총계*0.558
부채총계③	8,866,210	8,866,210	7,334,563	5,033,198	
자본					
1.자본금⑤	2,770,891	441,770	433,437	432,890	='10 자본총계 -'10 이익잉여금
2.이익잉여금⑥	4,462,325	3,572,758	2,907,218	2,350,346	=3,572,758+1,034,380 -144,813
자본총계	7,233,216	6,343,649	4,719,926	3,964,750	='11 자본금+'11 이익잉여금
부채와 자본총계	16,099,426	15,209,859	12,054,489	8,997,948	='11 부채총계+'11자본총계

[표 B-11]에서 '11년도 '추정 자산 총계(19,191,175)'와 '추정 부채와 자본

총계(16,099,426)' 간 '3,091,749십만(=19,191,175 −16,099,426)'의 값 차이가 생겼다(둘은 일치해야 한다). 여유 자금의 성격이면 배당금을 늘리거나 부채 상환 또는 신규 투자에 활용할 수 있겠으나, 어떤 상황이든 현재 과제 발굴 환경을 조성해야 하므로 불리한 쪽의 수치를 높이는 방향으로 이 차이 값을 이용한다. 예를 들면, [표 B−11]에서 '자산 계정 과목'의 값을 줄이거나 '부채와 자본 계정 과목'의 값을 늘리는 두 가지 방법이 있는데, 전자는 '재고 자산', 후자는 '유동 부채'나 '이익 잉여금' 등을 조정한다. 다음은 부채와 잉여금을 높여 '부채'는 낮추려는, '잉여금'은 달성하려는 과제 발굴을 유도한 최종 결과이다.

[표 B−12] '추정 (요약)재무상태표' 최종 예(단위: 십만)

계정 과목	'11(추정)	'10	'09	'08	비고(산식)
자산					
1.유동자산	6,102,794	4,219,955	4,228,456	3,080,427	='11 자산총계×0.318
(1)당좌자산	3,799,853	2,744,587	2,421,865	1,996,103	='11 자산총계×0.198
(2)재고자산	2,302,941	1,475,368	1,806,591	1,084,324	='11 자산총계×0.120
2.비유동자산	13,088,381	10,989,904	7,826,033	5,917,521	='11 자산총계×0.682
(1)투자자산	2,360,515	1,178,420	1,594,072	1,703,089	='11 자산총계×0.123
(2)유형자산	10,497,573	9,641,962	6,086,876	4,095,755	='11 자산총계×0.547
(3)무형자산	57,574	33,371	34,838	39,135	='11 자산총계×0.003
(4)기타	172,721	136,151	110,247	79,542	='11 자산총계×0.009
자산총계	19,191,175	15,209,859	12,054,489	8,997,948	=15,209,859×1.26
부채					
1.유동부채	5,417,795	4,014,839	3,063,186	2,304,827	=추정 유동부채+1,500,000
2.비유동부채	5,648,415	4,851,371	4,271,377	2,728,371	=추정 비유동부채+700,000
부채총계	11,066,210	8,866,210	7,334,563	5,033,198	조정됨
자본					
1.자본금	2,770,891	441,770	433,437	432,890	='10 자본총계 −'10 이익잉여금
2.이익잉여금	5,354,074	3,572,758	2,907,218	2,350,346	=추정 이익잉여금+891,749
자본총계	8,124,965	6,343,649	4,719,926	3,964,750	조정됨
부채와 자본총계	19,191,175	15,209,859	12,054,489	8,997,948	조정됨

어떤 '계정 과목'을 조정하는가는 정답이 없다. 각 기업이 처한 상황에 따라 줄이거나 높일 목적의 요구가 가장 큰 항목의 값을 조정한다. 조율이 끝나면 제조 회사 경우 '제조 원가 명세서'나 '부가가치 표' 등의 자료를 추가로 작성한다. 이들은 '추정 손익 계산서'나 '추정 재무상태표'를 이용해 전개될 수 있으나 본문에서는 생략한다.

지금까지 '재무제표'의 핵심인 '손익 계산서'와 '재무상태표'를 추정해보았다. 의문을 갖는 리더들을 위해 다시 한 번 강조하지만 현재의 과정은 차년도 재무제표를 정확히 맞추려는 노력을 하는 것이 아니라 진정성 있는 과제를 선정하는 게 목표이다. 설명된 과정을 통해 얻게 될 다음의 효과를 확인하자.

▶ **불일치의 미학**이다. [표 B-9]의 '추정 (요약)손익 계산서 최종 예'와 [표 B-12]의 '추정 (요약)재무상태표 최종 예'에서 설명한 바와 같이 추정 방법의 차이로 각각에서 불일치가 발생했다. 이를 조정하는 과정에서 개선의 필요성이 높은 항목의 값을 훨씬 불리한 조건, 즉 '사업 계획서'에서 제시한 목표보다 더 높은 목표 값으로 변경하였다. 목표 수준을 높일수록 상식을 뛰어넘는 아이디어 발상 가능성도 높아진다. 이런 의도는 과제 발굴에 참여한 팀원들의 숨은 잠재력을 이끌어내고 진정성 있는 과제 발굴의 단초로 작용하며 '경영 **혁신**'으로 불리는 이유를 설명하게 될 것이다.

▶ **과제 '수행 관리'의 묘미**가 생긴다. '사업 계획서'에서의 목표보다 더 높은 수준의 설정은 과제 수행 기간 동안 철저한 관리(Audit 등), 예를 들어 과제 변경이나 새로운 과제 발굴을 유도함으로써 '사업 계획서'의 목표 초과 가능성을 높인다. '추정 재무제표'는 말 그대로의 '추정'이 아니라 "추정된 값을 완성하려는 노력"으로 연결되며('혁신 목표' 수준으로 작용), 설사 달성에 이르지 못하더라도 애초 사업 계획보다 더 높은 수준의 성적을 낼 수 있

는 기반으로 작용한다. 높은 성과가 예상되는 과제를 '발굴'하는 일뿐만 아니라 과제 '수행 관리' 자체에서도 성과를 올릴 수 있다는 것은 발상의 전환을 가져다주기에 충분하다. 즉 '과제 발굴'과 '과제 수행 관리'는 뗄 수 없는 콤비플레이어로 기대 이상의 성과를 내는 데 기여하게 된다.

② 경영 분석(Business Analysis)

설명에 앞서 기억을 상기시키기 위해 '[그림 B-6] 재무제표 접근법 흐름도'를 참고하기 바란다. 즉 앞서 수행된 '추정 재무제표'를 바탕으로 기업 내 재무 상태를 분석함으로써 궁극적으로 재무 구조를 개선시킬 목적의 과제를 발굴한다. 다음은 '재무 구조(財務構造)'와 관련된 용어 정의를 옮겨놓은 것이다.

· **재무 구조(the Financial Structure)** (국어사전) 한 기업의 자산, 부채, 자본 따위의 짜임새.
· **재무 구조 개선(the Financial Structure)** (네이버 용어사전) 부채와 자기자본이 바람직하게 균형을 유지하는 자본구조로 만들어가는 것을 말한다. 최적 재무구조란 기업이 이익을 가장 극대화할 수 있는 재무구조, 즉 기업의 가치를 최대로 하려는 자본구조를 뜻한다. 최적재무구조는 업종마다 차이가 있으며 무조건 부채가 적은 것을 의미하지는 않는다.

'재무 구조 개선 활동'은 '프로세스 개선 활동'과 구별하는 것이 좋은데 우선 전자는 회사 경영을 거시적으로 파악해서 나오는 문제점에 대한 개선을, 후자는 각 기능 부서들의 활동과 연계된 미시적 관점에서의 문제점 개선을 지칭한다. '프로세스 개선 활동'의 대상, 즉 과제는 '[그림 B-6] 재무제표 접근법 흐름도'의 '⑤ 조직별 과제 발굴' 단계에서 다루어진다. 본 단계에서는 재무제표를 이용해 거시적 경영 활동을 분석함으로써 기업이 이익을 극대화할

수 있는 최적의 재무 구조 마련에 필요한 활동을 정의한다. 물론 이 과정을 통해 얻어진 해결점이 하위 단계로 분해되어 미시적 관점의 활동과 연계되는 것도 포함된다. 다음은 재무제표를 거시적으로 이해하기 위한 개요도이다.

[그림 B - 7] '재무제표' 이해를 위한 개요도

[그림 B - 7]에서 재무상태표를 '전기'와 '당기(앞서 추정된 표에 해당)'로 표현한 이유는 정태적인 '재무상태표'를 동태적인 '손익 계산서'와 형식을 맞추기 위해서다. 관계를 간단히 요약하면 '전기'의 '부채와 자본'을 통해 형성된 '자산'이란 땔감을 태워 '수익(①)'을 창출하고, 그 과정에 쓰인 각종 '비용(②)'을 지불한다. 다시 창출된 '수익(①)'은 기업에 '이익(③)'을 가져다주며, 이것은 '부채를 줄이거나 자본을 키우는 역할(④)'을 한다. 재무 구조가 개선된 '부채와 자본'을 이용해 '자산의 증대 또는 투자(⑤)'가 이루어지며, 이와 같은 흐름은 모든 기업에서 반복된다. 만일 단기 부채 증가나 이익의 결여로 자금 압박을 받은 결과 '자산'이란 땔감을 대지 못하거나 현상 유지에 실패한다면 [그림 B - 7]과 같은 선순환은 일어나지 않는다. [그림 B - 7]을 재무제표에 포함된 표들로 재구성하면 다음과 같다.

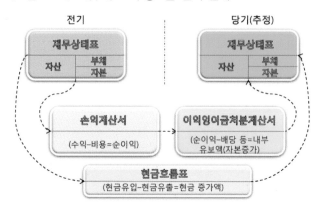

[그림 B-8] '재무제표' 구성표들 간의 관계

따라서 자산, 부채, 자본, 비용, 수익들 자체 또는 그들 간 관계에 문제가 발생하면 기업 경영에 이상 신호가 오게 된다. 이런 문제점을 찾아내 과제로 발굴하는 것이 본 단계에서 수행할 주된 활동이며, [표 B-5]에 표현된 바와 같이 이 과정 전체를 '경영 분석'이라 명명한 바 있다. '경영 분석'을 세분화하면 '비율 분석(Ratio Analysis)', '원형 도표법', '듀퐁 분석(Dupont Analysis)' 등이 있다. 먼저 이들 중 가장 일반적으로 수행되는 '비율 분석'에 대해 알아보자. **'비율 분석(Ratio Analysis)'**의 사전적 정의는 다음과 같다.

> · 비율 분석(Ratio Analysis) (네이버 용어사전) 재무제표 등과 같은 수치화된 자료를 이용하여 항목 사이의 비율을 산출, 기준이 되는 비율이나 과거의 실적 그리고 다른 기업과의 비교 등을 통하여 그 의미나 특징, 추세 등을 분석 평가하는 것이다. (중략)… 재무비율은 크게 1) 유동성비율 2) 효율성비율 3) 레버리지비율 4) 수익성비율 5) 시장가치비율로 구분할 수 있으며, (중략)… 이러한 비율 분석은 복잡한 경제현상을 비교적 단순한 분석방법으로 비교, 평가할 수 있다는 장점이 있는 반면, 비교평가의 절대적인 기준을 설정하기가 용이하지 않고 종합적인 평가가 곤란하다는 한계를 가지고 있다.

정의에서 설명된 재무 비율을 부연하면 '유동성 비율(Liquidity Ratio)', '효율성 비율(Efficiency Ratio) 또는 활동성 비율(Activity Ratio)', '레버리지 비율(Leverage Ratio) 또는 안정성 비율', '수익성 비율(Profitability Ratio)', '시장 가치 비율(Market Value Ratio)' 외에 '성장성 비율(Growth Ratio)'이 포함된다. 이들 비율들에 대한 분류와 산식 및 판단 기준을 정리하면 다음과 같다(이 외에도 훨씬 더 많은 비율들이 존재하나 본문은 대표석인 비율만 포함시킴).

[표 B-13] '비율 분석' 분류와 산식 예

비율 분류	세부 지표	산식
유동성 비율	유동비율	유동자산/유동부채×100
	당좌비율	당좌자산/유동부채×100, (과잉재고 多 → 비율은 낮아짐)
레버리지 비율	부채비율	부채총액/자기자본×100
	자기자본비율	자기자본/총자본×100, (금융은 'BIS비율' 사용)
	비유동비율	비유동자산/자기자본×100
	비유동장기적합률	비유동자산/(자기자본+비유동부채)×100
	이자보상비율	영업 이익/이자비용×100
	금융비용부담률	이자비용/매출액×100
활동성 비율	재고자산회전율	매출액/연평균재고자산
	재고자산평균보유기간	365/재고자산 회전율
	매출채권회전율	매출액/연평균매출채권
	매출채권평균회수기간	365/매출채권회전율
	비유동자산회전율	매출액/연평균비유동자산
	총자산회전율	매출액/연평균총자산
수익성 비율	총자산순이익률	당기순이익/연평균총자산×100
	총자산영업이익률	영업이익/연평균총자산×100
	자기자본순이익률	당기순이익/연평균자기자본×100
	매출액순이익률	당기순이익/매출액×100
	매출액영업이익률	영업이익/매출액×100
성장성 비율	매출액증가율	(당기매출액 −전기매출액)/전기매출액×100
	영업이익증가율	(당기영업 이익 −전기영업 이익)/전기영업 이익×100
	순이익증가율	(당기순이익 −전기순이익)/전기순이익×100
	총자산증가율	(당기말총자산 −전기말총자산)/전기말총자산×100
	자기자본증가율	(당기말자기자본 −전기말자기자본)/전기말자기자본×100

'세부 지표'는 자주 사용하는 것들로만 요약하였고, 특히 '시장 가치 비율'은 '주가'와의 관계를 고려한 접근이나 여기선 생략하였다. 추가로 필요한

'비율 지표'들은 관련 자료를 참고하기 바란다. '[표 B-9] 추정 (요약)손익계산서'와 '[표 B-12] 추정 (요약)재무상태표'를 이용한 '비율 분석'은 다음과 같다.

[표 B-14] '추정 재무제표'에 대한 '비율 분석' 예

분류	세부 지표	결과	비고
유동성 비율	유동비율	112.64	=(6,102,794/5,417,795)×100
	당좌비율	70.14	=(3,799,853/5,417,795)×100
레버리지 비율	부채비율	136.2	=(11,066,210/8,124,965)×100
	자기자본비율	42.34	=(8,124,965/19,191,175)×100
	비유동비율	161.09	=(13,088,381/8,124,965)×100
	비유동장기적합률	95.03	=(13,088,381/(8,124,965+5,648,415))×100
	이자보상비율	588.58	=(1,023,750/173,936.7)×100, (이자 임의설정)
	금융비용부담률	1.54	=(173,936.7/11,316,460)×100, (이자 임의설정)
활동성 비율	재고자산회전율	5.99	=11,316,460/((2,302,941+1,475,368)/2)
	재고자산평균보유기간	60.93일	=365/5.99
	매출채권회전율	7.09	=11,316,460/((1,693,261+1,495,495)/2)), (매출채권 임의설정)
	매출채권평균회수기간	51.42일	=365/7.09
	비유동자산회전율	0.94	=11,316,460/((13,088,381+10,989,904)/2)
	총자산회전율	0.66	=11,316,460/((19,191,175+15,209,859)/2)
수익성 비율	총자산순이익률	6.01	=1,034,380/((19,191,175+15,209,859)/2)
	총자산영업이익률	5.95	=1,023,750/((19,191,175+15,209,859)/2)
	자기자본순이익률	14.29	=1,034,380/((8,124,965+6,343,649)/2)
	매출액순이익률	9.14	=(1,034,380/11,316,460)×100
	매출액영업이익률	9.05	=(1,023,750//11,316,460)×100
성장성 비율	매출액증가율	21.97	=((11,316,460 −9,278,414)/9,278,414)×100
	영업이익증가율	− 48.57	=((1,023,750 −1,990,510)/1,990,510)×100
	순이익증가율	− 61.45	=(1,034,380 −2,654,377/2,654,377)×100
	총자산증가율	26.18	=((19,191,175 −15,209,859)/15,209,859)×100
	자기자본성장률	26.08	=(8,124,965 −6,343,649)/6,343,649)×100

'비율 분석'은 자체로도 기업의 정보를 제공하지만 타 비율과 비교함으로써 객관적 수준을 판단할 수 있다. 이때 쓰이는 기준으로 '표준 비율(Standard Ratio)'이 있다. '표준 비율'엔 '기업의 과거 비율', '동종 기업 평균 비율(산업 평균 비율)', '일반적 경험 비율', '실현 가능한 목표 비율'이 있으며, 특히 '산

업 평균 비율'은 「KDB 산업 은행(http://rd.kdb.co.kr/jsp/st/STSta0201.jsp)/통계/기업재무분석」과 연차 보고서인 「한국은행 경제통계시스템(http://ecos.bok.or.kr/)/기업경영분석」에서 얻을 수 있다. 단 산업은행은 '06년까지만 조회가 가능해 한국은행 정보가 더 유용하다. 다음은 [표 B-14]에 '표준 비율'을 포함시킨 예이다.

[표 B-15] '추정 재무제표'에 대한 '비율 분석' 예(표준 비율과 비교)

분류	세부 지표	결과	산업평균	경쟁 A사	비고
유동성 비율	유동비율	112.64	100%	316.31	–
	당좌비율	70.14	150%	174.84	매우 낮음
레버리지 비율	부채비율	136.2	100%	42.25	조금 높음
	자기자본비율	42.34	40%	81.62	–
	비유동비율	161.09	100%	79.02	매우 높음
	비유동장기적합률	95.03	60%	78.23	조금 높음
	이자보상비율	588.58	1,430.4%	1,453.11	매우 낮음
	금융비용부담률	1.54	0.97%	1.52	–
활동성 비율	재고자산회전율	5.99	6회	6.48회	–
	재고자산평균보유기간	60.93일	57.39일	56.33일	–
	매출채권회전율	7.09	6회	9.78회	–
	매출채권평균회수기간	51.42	30.54일	37.32일	14일 이상 긺
	비유동자산회전율	0.94	2.36회	2.01회	매우 낮음
	총자산회전율	0.66	1.5회	1.08회	–
수익성 비율	총자산순이익률	6.01	10%	12.87	매우 낮음
	총자산영업이익률	5.95	8.82%	20.41	매우 낮음
	자기자본순이익률	14.29	20%	16.93	조금 낮음
	매출액순이익률	9.14	5%	15.39	–
	매출액영업이익률	9.05	20%	19.98	매우 낮음
성장성 비율	매출액증가율	21.97	20%	40.08	–
	영업 이익증가율	- 48.57	74.85%	49.69	매우 낮음
	순이익증가율	- 61.45	20.88%	22.12	매우 낮음
	총자산증가율	26.18	20%	20.18	–
	자기자본성장률	26.08	20%	14.52	–

[표 B-15]의 '결과' 열에 빨간색 숫자는 "산업 평균에 미달하면서 경쟁사의 50% 수준에도 못 미치는 비율"들을 선택한 것이다. 또 파란색 숫자는 2차

고려 대상을 표기한 것이다. 어느 비율이 취약한지 선택하는 기준은 분석을 수행하는 기업의 처한 상황에 따라 판단한다.[19) [표 B-15]를 통해 예시된 기업의 '비율 분석'을 해석하면 다음과 같다(고 가정한다).

('비율 분석' 종합)

1) 이 기업은 단기 자금 운용에 매우 취약한 것으로 판단되며('당좌 비율' 매우 낮음), 특히 타인 자본으로 인한 이자 부담이 경쟁사에 비해 위험도가 높아 ('이자 보상 비율' 낮음) 단기 유동성 증대의 실현이 절실한 것으로 보임. 또한 장기 사용 자산에 대한 자본의 투입이 매우 높은 것으로 파악되었으며 (비유동비율, 비유동장기적합률 높음), 그 운용 효율도 매우 떨어지는 것으로 판단됨(비유동자산 회전율 매우 낮음). → 비유동자산을 줄여 현금성 자산을 늘릴 수 있는지 검토.

2) 수익성 비율이 전체적으로 매우 낮은 것이 문제이며(총자산순이익률 외), 전 세계의 금융 위기 후폭풍으로 직전 연도에 비해 이익의 급감이 치명적임(영업 이익증가율, 순이익증가율이 매우 낮음). → '영업외 수익(비용)', '특별 이익(손실)' 등을 조정해서 이익을 증대시킬 수 있는 방안 검토(원가 절감, 생산성 향상, 판매 확대 등은 과제로 발굴될 것이므로 여기선 그 외의 항목들을 대상에 둠).

우선 '비율 분석'을 통해 'B/S 구조개선'에 대한 안들이 1차적으로 요약되었다. 이제 추가 분석을 수행해서 도출된 안들을 보완해간다. '비율 분석'은 개별 항목들을 '표준 비율'과 비교하는 반면 종합적으로 이루어지는 분석법들이 있는데, 주로 '지수법(Index Metbod)',[20) '듀퐁 분석' 그리고 '레이더 차트'

---

19) 본문에서는 '추정 (요약)재무제표'와 '추정 (요약)손익 계산서'를 임의로 설정하였으며, 따라서 '표준 비율 (산업 평균과 경쟁사 비율)' 역시 임의로 설정하였음. 현업에선 실제 산업평균 값을 찾아 적용해야 함.

20) 1919년, Alexandar Wall의 「신용분석의 척도에 관한 연구(Study of Credit Barometers)」에서 발표한 재무 비율 종합 평가법.

로 시각적 정보를 제공하는 '원형 도표법' 등이 있다. 현재는 재무 분석보다 'B/S 구조개선'을 위한 과제 발굴에 목적이 있으므로 이와 직접 관련이 있는 '원형 도표법'과 '듀퐁 분석'에 대해 알아보자.

'**원형 도표법**'은 '레이더 차트(Radar Chart)'[21]를 이용해 [표 B-15]의 '결과'를 '표준 비율'과 함께 시각화시킨 분석법이다. 다음은 작성례이다.

[그림 B-9] '원형 도표법' 작성례

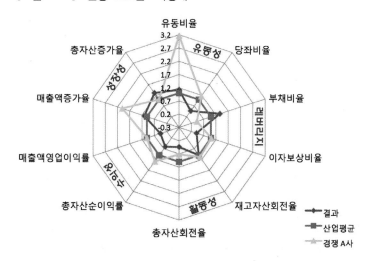

[그림 B-9]는 [표 B-15]의 비율들 중 대표적인 것들로 구성된 예이다. 표준 비율로 쓰인 '산업 평균'을 '1'로 했을 때의 상대적 크기인데(빨간색), 경쟁사(연두색) 대비 유동성, 성장성이 매우 취약하고, '산업 평균(파랑색)'과 비교해도 개선의 여지가 많음을 알 수 있다. '원형 도표법'은 필요한 비율들

---

21) Web(or Spider, Cobweb, Star, Polar) Chart, Irregular Polygon, Star Plot, Kiviat Diagram 등으로도 불린다. 우리말로는 '레이더 차트', '방사형 차트(그래프)'로 불린다.

의 선택이나 기업 간 비교 등 다양한 응용이 가능하므로 현업에서의 활용을 권장한다. 본문은 [표 B-15]의 시각적 표현 정도로만 소개하고 넘어간다.

'**듀퐁 분석(DuPont Analysis)**'의 사전적 설명은 다음과 같다.

· **듀퐁 분석(Dupont Analysis)** (네이버 용어사전) ROE를 구성하는 원천을 각 요소별로 나눠 분석하는 방법이다. 화학 업체인 듀퐁에서 이를 고안, 재무 분석 기법으로 처음 사용해 이런 이름이 붙여졌다. ROE는 자산이용 효율성을 나타내는 총자산 회전율(매출액/총자산)과 원가통제 효율성을 보여주는 매출액 이익률(순이익/매출액), 마지막으로 자본 조달의 안전성을 나타내는 레버리지(총자산/자기자본)로 분석할 수 있다.

듀퐁 분석은 1920년대 듀퐁 회사에서 개발해 사용한 것으로(위키백과), '자기자본 순이익률(ROE, Return on Equity)'을 '매출액 순이익률(수익성)', '총자산 회전율(활동성)', '자기자본 승수(레버리지)'[22]로 분해해 한 기업의 재무 상태를 종합적으로 분석하는 기법이다. 산식은 다음과 같다.

$$자기자본순이익률(ROE) = \frac{당기순이익}{연평균자기자본} \tag{B.2}$$

$$= \frac{당기순이익}{매출액} \times \frac{매출액}{연평균총자산} \times \frac{연평균총자산}{연평균자기자본}$$

$$= 매출액순이익률 \times 총자산회전율 \times (1 + 부채비율)$$

$$= ROA \times 재무레버리지$$

하나의 식 속에 수익성, 활동성, 레버리지(안정성)가 포함돼 있으므로 '자기

---

22) '자기자본 승수(Equity Multiplier)'는 '자본 승수'로도 불린다.

자본 순이익(ROE)'이 어떤 항목을 중심으로 형성되는지 파악할 수 있다. 예를 들어 A기업과 B기업 모두 'ROE'가 '40%'라고 할 때 식(B.2)이 다음과 같다고 하자.

$$(A기업) \ 40\% = 10\% \times 1 \times (1+3),$$
$$(B기업) \ 40\% = 20\% \times 1 \times (1+1) \qquad\qquad (B.3)$$

A기업은 '자기 자본'으로 이익을 낼 때, '타인 자본(부채)'을 많이 끌어 쓰는 반면, B기업은 수익성이 매우 높은 구조로 운영됨을 알 수 있다. [표 B-15]를 이용하여 당사와 경쟁사의 '듀퐁 분석'을 수행하면 다음과 같다.

[표 B-16] '듀퐁 분석(DuPont Analysis)' 예

기업	듀퐁 분석	해석
당사	$= \dfrac{1,034,380}{11,316,460} \times \dfrac{11,316,460}{17,200,517} \times (1+\dfrac{11,066,210}{8,124,965})$ $= 0.091 \times 0.658 \times 2.362 = 0.142$	경쟁사 대비 '순이익률'과 '자산 회전율'이 낮고, '자기자본 승수'는 매우 높음
경쟁사	$= 0.15 \times 0.97 \times 1.52 = 0.22$	

'매출액 순이익률'은 기업의 수익성을 나타내는 대표적 지표이다. 통상 '총자산 회전율'과 역의 관계를 갖는다. 즉 부가가치가 높은 제품을 생산하면 단가가 높은 반면(이익이 높다), 고가 설비가 요구되므로 '자산 회전율'은 떨어진다. 물론 부가가치가 낮은 제품에 대해선 '자산 회전율'은 증가할 것이다. [표 B-16]의 당사 경우 경쟁사 대비 '매출액 순이익률'뿐만 아니라 '총자산 회전율'도 낮다. 현재는 'B/S 구조개선'이 목적이므로 '순이익'보다 '총자산 회전율'이 떨어지는 원인을 파악해볼 필요가 있다. 이에 대해선 '유동 자산'과 '비유동 자산'에 대한 검토가 필요하다. 다음은 추가 분석된 예이다.

[표 B - 17] '총자산 회전율'에 대한 추가 분석 예

계정 과목	총자산 대비 점유율		자산 회전율(매출액 대비)	
	당사	경쟁사	당사	경쟁사
유동자산	$=\dfrac{6,102,794}{19,191,175}=31.8\%$	56.3%	$=\dfrac{11,316,460}{(6,102,794+4,219,955)/2}=2.19$회	1.72회
비유동 자산	$=\dfrac{13,088,381}{19,191,175}=68.2\%$	43.7%	$=\dfrac{11,316,460}{(13,088,381+10,989,904)/2}=0.94$회	2.01회

  자산에 대한 분석 결과 '비유동 자산 회전율'이 경쟁사에 비해 크게 떨어진다는 것을 확인하였다. 이것은 '비유동 자산'을 과다하게 보유하거나 비효율적으로 사용하고 있음을 보여주는데, '비유동 자산 점유율'이 경쟁사보다 높은 것(약 24.5% 높음)으로부터 이를 낮출 수 있는 방안을 검토하기로 결정하였다(고 가정한다). 끝으로 '자기자본 승수'가 매우 높은데, 이것은 '타인 자본'의 규모가 매우 큰 경우로 파악되었으며, 부채를 줄이는 방안을 추가 검토하기로 결정하였다(고 가정한다). 지금까지 수행된 '듀퐁 분석'을 요약하면 다음과 같다.

(듀퐁 분석 종합)
1) '비유동 자산 회전율'이 낮고 '비유동 자산'도 경쟁사보다 높음. → 이것은 '비율 분석'의 결과와도 일맥상통함. 따라서 '비율 분석'의 개선 방안인 '비유동 자산'을 줄여 현금성 자산을 늘릴 수 있는지 검토.
2) '자기자본 승수'가 경쟁사 대비 높은 수준임. → 부채가 높은 경우이며, 이를 감소시킬 수 있는 방안을 검토. 현 부채의 전반적 검토를 통해 '자기자본 승수'를 경쟁사 수준만큼 낮추되, 'ROE'가 떨어질 것이므로 이후 진행될 조직별 과제 발굴 시 '매출액 순이익률'을 높이기 위한 재무 과제 발굴에 주력해야 함.

'경영 분석'이 완료되었다. 다음은 'B/S 구조개선'을 위한 과제를 발굴한다.

③ 과제 발굴(B/S 구조개선용)

[그림 B-6]의 '재무제표 접근법 흐름도'를 다음에 일부 옮겨놓았다.

[그림 B-10]「재무제표 접근법」흐름도

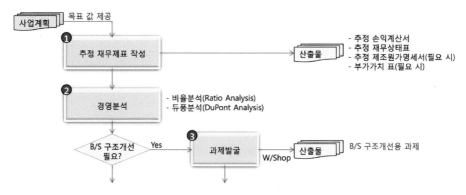

사실 본 단계는 워크숍(Workshop)이 요구된다. 이미 '비율 분석', '원형 도표법', '듀퐁 분석' 등을 통해 확인된 재무제표상 보완 사항들을 팀원들과 공유하고 개선이 필요한 과제들을 발굴한다. 분석 중 확인된 내용이 100% 완벽하게 반영되기는 어렵다. 특히 경영지원팀, 재무팀 등에서 나름대로 관리해오던 요소들과 충돌을 피하면서 최대한 'B/S 구조'를 개선하기 위한 방안을 깊이 있게 토론하는 접근이 필요하다. 여기선 워크숍을 통해 마련된 최종 'B/S 구조개선용 과제'들이 다음과 같이 최종 발굴된 것으로 가정한다.

[표 B-18] 'B/S 구조 개선용' 과제 발굴 예

No	과제명
1	'비유동 자산' 축소를 통한 현금성 자산 OOO 증대
2	영업외 수익(비용), 특별 이익(손실) 조정을 통한 순이익 OOO 증대
3	'비유동 부채' 축소를 통한 '자기자본 승수' OOO 달성 ※ 단, 과제 '3' 경우 '자기자본 승수=(1+부채 비율)'이며, 따라서 개선 대상은 '부채 비율'임. 또 '자기자본 수익률(ROE)'이 떨어지지 않도록 조직별 과제 발굴 시 '당기 순이익'을 높일 수 있는 방안의 적극적 검토가 병행돼야 함
4	...

목표를 얼마로 설정할지는 재무제표 시뮬레이션을 통해 확인해나가는 것도 좋은 방법이다. 재무제표의 구조가 튼튼해야 이후에 발굴될 과제들의 영향력도 배가된다.

④ (추정 재무제표와 연계된) 조직별 지표 선정

이 단계부터는 현업에서 늘 접해왔던 과제, 특히 재무성과가 있는 과제를 발굴한다. 과정의 이해를 돕고자 [그림 B-6]의 '재무제표 접근법 흐름도' 일부를 다시 옮겨놓았다.

[그림 B-11] 「재무제표 접근법」 흐름도

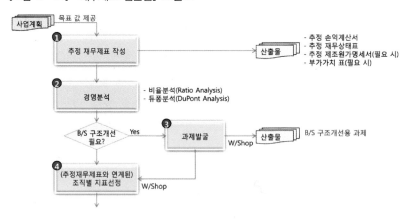

'조직별 지표'란 재무제표 내 '계정 과목'을 조합해 조직, 즉 영업, 구매, 생산, 인사, 연구, 재무, 경영지원 등과 연계시켜 완성된 지표를 의미한다. 이들 해당 조직에 포함된 지표들 중 이번 회기에 특히 개선이 필요한 것들을 선택해 향상시킬 경우 곧바로 재무제표(특히 손익 계산서)에 반영되는 특징이 있다. '조직별 지표'의 특징을 요약하면 다음과 같다.

☞ 재무제표에 기반을 두므로 '조직별 지표'의 수준을 향상시키기 위해 발굴된 과제는 대부분 재무 과제가 된다.
☞ 과제 수행 초기에 과제별 '손익 계산서' 반영 수준을 예측할 수 있다.
☞ 과제 수행 중 환경 변화로 목표 미달이 예상될 시, 미달 금액만큼의 대체 과제 발굴이 용이하다(목표 금액만큼의 개선을 이루면 된다).
☞ 과제 리더들이 얼마나 노력해야 하는지, 그 성과가 얼마나 될 것인지 사전 파악이 가능하므로 인센티브 부여나 객관적 평가가 가능하다.
☞ 과제 수행에 대한 동기 부여나(명확한 목표가 할당되므로) 성취감을 높여 준다.

'조직별 지표'를 나열하기 위해선 재무제표 외에 '(추정) 제조 원가 명세서', '부가가치 표' 등이 필요할 수 있다. 우선 이들 표들로부터 기존에 알려진 지표들을 모두 나열하고 필요하면 새로운 지표를 만들어 포함시킨다. 다음은 일반적으로 재무제표와 명세서들로부터 얻을 수 있는 기존에 알려진 지표를 조직별로 모아본 것이다.[23]

---

23) 기본적으론 서적 「현금흐름분석에서 기업가치 평가까지 재무제표 분석 비법노트, 한만용·조문기·손원준 저, 지식만들기」에 수록된 분류를 따랐음.

[표 B-19] '조직별 지표' 목록 예(영업 부문)

관련 조직	구분	지표명	산식
영업관리	종합	매출액 총이익률	매출액총이익/매출액×100
		상품(제품) 회전율	매출액/상품(제품)투하자금
	판매비 효율	판매 관리비율	(판매비, 관리비)/매출액×100
		매출액 순이익률	순이익/매출액×100
		판매비 비율	판매비/매출액×100
		매출액영업 이익률	영업 이익/매출액×100
		광고 선전비 비율	광고선전비/매출액×100
		판매 촉진비 비율	판매촉진비/매출액×100
	판매 효율	반품액 비율	반품액/총매출액×100
		에누리 비율	에누리액/총매출액×100
		대손상각 비율	대손상각/매출액×100
	제품별 분류	제품별 매출액	제품별 매출액
		제품별 매출 총이익률	제품별 매출총이익/제품별 매출액×100
		상품(제품)별 회전율	상품(제품)매출액/투하자금
	판매부문별 분류	판매부문별 매출액	판매부문별 매출액
		판매부문별 매출액 총이익률	(판매부문별매출액 총이익)/판매부문별매출액×100
		판매부문별 제품 회전율	판매부문별 매출액/판매부문별 제품 투하자금
	지역별	판매지역별 매출액	판매지역별 매출액
		판매지역별 매출액 총이익률	판매지역별총이익/판매지역별 매출총이익×100
	담당자별	담당자 인당 매출액	총매출액/영업인 수
		담당자 인당 매출량	총매출량/영업인 수

[표 B-20] '조직별 지표' 목록 예(구매 부문)

관련 조직	구분	지표명	산식
구매관리	재고적정성	실재고량 비율	실 재고량/경제(이론)적 재고량×100
		유형자산 회전율	매출액/유형자산×100
	구입량 적정성	실구입량 비율	실구입량/경제(이론)적 구입량×100
		실구입비 비율	실구입비/경제적구입비×100
		적정구입시기 판단비율	실재고량/안전재고량×100
	구매의 효율성	과부족률	(경제적구입량 −실구입량)/경제적구입량×100
		감모율	감모량/실구입량×100
		파손율	파손량/실구입량×100
	외주생산 판단지표	외주생산율	외주생산/자가생산×100
		외주생산 불량률	외주생산불량률/자가생산불량률×100

[표 B-21] '조직별 지표' 목록 예(경영 부문)

관련 조직	구분	지표명	산식
경영관리	수익성 판단지표	경영자산 영업 이익률	영업 이익/경영자산×100
		경영자산 회전율	매출액/경영자산
		매출액 영업 이익률	영업 이익/매출액×100
	※경영자산 =총자산 -건설 중인 자산 -투자자산		
	채산성 판단지표	고정비 비율	고정비/매출액×100
		변동비 비율	변동비/매출액×100
		한계 이익률	1 -변동비 비율
		손익 분기점 비율	손익분기점 매출액/매출액×100
		손익 분기점 매출액	고정비/(1 -(변동비/매출액))
	성장성 판단지표	매출액 증가율	당기매출액/전기매출액×100
		시장 점유율 증가율(A)	당기말 매출액점유율/전기말 매출액점유율×100
		시장 점유율(B)	당사 총매출액/업계 총매출액×100
		설비투자 증가율	당기설비투자/전기설비투자×100 -100
		종업원 수 증가율	당기말 종업원수/전기말 종업원수×100 -100

[표 B-22] '조직별 지표' 목록 예(재무 부문)

관련 조직	구분	지표명	산식
자산관리	유형자산 관련지표	유형 자산 비율	유형자산/자기자본×100
		종업원 인당 유형자산액	유형자산/종업원 수
		유형 자산 회전율	매출액/유형자산
		자기 자본 회전율	매출액/자기자본
		비유동 장기 적합률	(유형자산+투자자산)/(자기자본+비유동부채)×100
	매출채권 관련지표	매출채권 회수 불량률	회수의문 매출채권/매출채권×100
		매출채권 회전율(A)	매출액/(받을 어음+외상매출금)
		매출채권 회전율(B)	매출액/(받을 어음+외상매출금+받을 어음 할인액)
		외상 매출금 회전율	매출액/외상매출금
	부채 지불능력 판단지표	유동 비율	유동자산/유동부채×100
		당좌 비율	당좌자산/유동부채×100
		부채 비율	총부채(=유동부채+비유동부채)/자기자본×100
자본 및 부채관리	차입금 관련지표	차입금 의존도	차입금/총자본×100
		유동 부채율	유동부채/유동자산×100
	자기자본 적정성 판단지표	자기자본 비율	자기자본/총자본×100
		유형자본 비율	유형자산/자기자본×100
		비유동자산 장기적합률	비유동자산/(자기자본+비유동부채)×100
손익관리	손익관련 지표	매출액 경상이익률	경상이익/매출액×100
		상품(제품) 회전율	매출액/상품(제품)에 투하된 금액×100
		매출 원가율	매출원가/매출액×100
		순이익률	순이익/자본금×100
이익처분 관리	이익처분 관련지료	유보율	(자본잉여금+이익잉여금)/납입자본금
		배당 성향	배당금/당기순이익×100

[표 B - 23] '조직별 지표' 목록 예(생산 부문)

관련 조직	구분	지표명	산식
자재관리	자재 재고 적정성	원재료 회전율	매출액/원재료 구매액
		재고자산 회전율	매출액/재고자산
	자재감모	원재료재고 감모율	원재료재고감모액/원재료장부보유액×100
작업관리	작업능률 관련지표	종업원 인당 생산액	생산액/종업원 수
		종업원 인당 생산량	생산량/종업원 수
		기계 대당 생산액	생산액/기계보유대수
		기계 대당 생산량	생산량/기계보유대수
공정관리	작업진척 관리지표	재공품 회전율	매출액/재공품
		대기시간 비율	대기시간/조업시간×100
		기계운전시간율	기계운전시간/조업시간×100
		운반설비 가동률	운반설비가동시간/조업시간×100
제품관리	검사정확성	검사불합격품 비율	검사불합격품/완성품×100
	제품재고 감모	제품재고 감모율	제품재고감모액/제품장부보유액×100
	제품재고 관련지표	제품회전율	매출액/제품에 투하된 금액
		제품재고율	제품재고금액/유동자산×100
설비관리	생산설비 효율	설비자산 회전율	매출액/설비자산×100
		설비자산 감가상각률	감가상각비/설비자산×100
		설비가동률	설비가동시간/조업시간×100
		설비고장률	고장시간/설비가동시간×100
	자동화 관리지표	자동화율	인건비/감가상각비×100(낮을수록 자동화)
		설비 최신화율	(Cost절감예정액 −(차입금지급이자+감가상각비))/노무비 절감예정액×100
	공구효율 관련지표	공구감모율	공구감모액/공구장부보유액×100
		공구회전율	매출액/공구에 투하된 금액×100
		공구감가상각비율	공구감가상각비/공구에 투하된 금액×100
원가관리	원가관련 지표	관리 불가능비율	관리불가능비/관리가능비×100
		변동비율	변동비/고정비×100
	효율관련 지표	원재료비 비율	원재료비/제조원가×100
		노무비 비율	노무비/제조원가×100
		제조경비 비율	제조경비/제조원가×100
		제조부문비 비율	각제조부문비/제조원가×100

[표 B-24] '조직별 지표' 목록 예(생산지원 부문)

관련 조직	구분	지표명	산식
생산지원	노동생산성	종업원 인당 연간생산량비율	생산량/종업원 수
		종업원 인당 연간생산액비율	생산액/종업원 수
		종업원 인당 부가가치율	부가가치/종업원 수
	자본생산성	종업원 인당 기계장비율	기계장비/종업원 수
		설비투자효율	부가가치/설비자산
		기계투자효율	부가가치/기계장치
	※설비자산=유형자산 -건설 중인 자산, ※기계장치=설비자산 중 토지, 건물 제외		
	원가 관련지표	제조원가율	제조원가/매출액×100
		직접비 구성비율	제조직접비/제조원가×100
		간접비 구성비율	제조간접비/제조원가×100
		원재료 수율	제품중량/원재료사용량×100

[표 B-25] '조직별 지표' 목록 예(인사부문)-일부는 비재무지표임

관련 조직	구분	지표명	산식
인사, 노무관리	노동량 적정성	실 노동량 비율	실제노동량/필요노동량×100
		출근율	출근연인원/(월말재적지수×출근일 수)×100
		고용증감률	연말재적자 수/연초재적자 수×100
	노동의 질 판단지표	입사율	연간입사자 수/연초 재적자 수×100
		이직률	연간이직자 수/연초 재적자 수×100
		정착률	(연초재적지수 -연간퇴직지수)/연초재적지수×100 -100
		고충조사 실적 건 수 (기간)	종업원 고충 건수(기간)
	임금 적절성	종업원 인당 월평균 인건비율	인건비/종업원수÷12
		인당 부가가치	부가가치/평균 종업원 수
		최저생계비	최저생계비 이상의 임금수준 여부
		노동소득분배율	인건비/부가가치×100
		인건비 비율	인건비/매출액×100
	복리후생관련지표	복리후생비율(1)	복리후생비/매출액×100
		복리후생비율(2)	복리후생비/제조원가×100
		복리후생비율(3)	복리후생비/인건비×100

[표 B-19~25]까지의 분류된 지표를 기본으로 하되 필요하면 '계정 과목'

을 조합해 새로운 지표를 만들어 포함시켜도 좋다. 중요한 것은 적합한 지표를 선정한 뒤 과제 발굴에 유용하게 써 먹는 일이다. 이에 대해 좀 더 알아보자.

'조직별 지표' 선택은 회사와의 전략적 연계성이 최우선이므로 모든 조직의 관련 담당자들이 워크숍에 참석해야 한다. 그런 다음 '[그림 A-12] 0단계: Big Y 선정'에서 설명했던 'X-Y Matrix' 등의 정성적 기법을 이용해 회사 전략과 연계된 지표를 선정한다(용법에 대해선 「기존의 과제 선정 방법」에서 논의된 '3. 목표 전개와 역량 강화성 전개의 혼합형'을 참고하기 바란다). 앞서 언급한 바와 같이 [표 B-19~25]에서 소개된 지표들은 100%가 될 수 없다. 다른 출처에서 새롭게 찾아지거나 '계정 과목'의 조합을 통해 만들어질 수 있는 여지는 얼마든지 있다. 따라서 워크숍에 모인 팀원들이 회사의 전략적 연계성을 갖는 지표 선정 중 재무적 지표뿐만 아니라 역량 강화성 지표인 비재무적 지표도 발굴할 수 있으며, 경우에 따라선 재무적인지 비재무적인지 판단이 모호한 지표들도 상당수 포함될 수 있다. 만일 재무적 지표인지 여부가 불분명한 상태에서 지표 선정이 완료되고, 그들의 목표 수준이 결정된 후 그를 이룰 활동, 즉 과제의 발굴로 연결된다면 향후 과제 성과가 '손익 계산서'의 일부가 될지는 알 수 없다. 결국 '조직별 지표'의 재무적 연계성 여부를 사전에 명확화하기 위해선 지표 선정 단계에 재무적 지표 여부를 판독해줄 누군가가 있어야 한다는 결론에 이른다. 이 역할을 해줄 전문가가 바로 '효과 평가 전문가(Financial Effect Analyst)'이다.

'효과 평가 전문가'는 재무성과를 회계 논리로 처리해줄 전문가이다. 국내 경영 혁신이 한창 무르익을 즈음, 중구난방식의 금전적 성과를 명확하게 규정하기 위해 탄생한 전문 인력이다. 주로 재무나 회계 부서, 관리 지원 담당자가 초기 교육 과정을 거쳐 투입됐는데 리더가 추정한 효과가 이들에게 들어갔다 나오면 여지없이 반 토막 나기 일쑤였다. 그만큼 현업 담당자가 느끼는 효과와 회계 논리의 효과와는 갭이 크게 났으며, '효과 평가 전문가'의 존재를 각인시키는 배경이 되었다. 그러나 문제점도 양산됐는데 전문성이 떨어지거나, '효과 평가 전문가'의 중요성을 인정받지 못한 상황에서 유명무실한 존재로 오인받거나 아예 운영 제도 없이 추진하는 기업도 비일비재하였다. '평가제도 운영'에 대해서는 「Be the Solver_과제 성과 평가법」편에서 별도로 다루고 있으므로 본문은 '조직별 지표'를 선정하는 일에 이들의 역할이 중요함을 강조하는 선에서 마무리하겠다.

'효과 평가 전문가'를 한두 명의 소수로 운영하기보다 과제 수에 비례해서 선발하고, 또 지속적인 계획을 통해 양성하는 것이 바람직하다. '효과 평가 전문가'의 인증과 활동이 제도적으로 잘 보장된 환경을 만들고, 또 그들의 전문성을 이용해 재무적 지표가 많이 발굴될 수 있도록 철저한 지원과 자격이 보장된다면 과제 발굴부터 성과 확인까지 선순환 체계가 완성된다.

'조직별 지표'가 선정되면 이어 '목표 금액'을 설정한다. 물론 회사 전략과의 연계를 고려하면 '(추정) 손익 계산서'의 '매출액'이나 '영업 이익'을 달성하기 위한 '목표'가 필요하다. 조직별로 미리 할당된 수준이 있으면 접근이 용이하나 조직 간 협의가 필요한 부분에 대해선 전사 담당 부서 등의 개입으로 조정이 이루어질 수 있다. 워크숍 중 '효과 평가 전문가'의 상세한 활동 사항과 워크숍 운영에 대한 별도의 설명은 생략한다. 경영 혁신을 조금이라도 경험해본 기업이면 기본 운영 능력은 있다고 보고, 설사 처음이라 하더라도 외부 컨설턴트의 도움을 조금 받는다면 무난히 학습될 수 있는 사항이다. '조직별 지표' 선정에 이어 다음 활동인 '조직별 과제 발굴'에 대해 알아보자.

⑤ 조직별 과제 발굴

내용 설명에 앞서 과정의 이해를 돕기 위해 [그림 B-6]의 '재무제표 접근법 흐름도' 일부를 다음에 옮겨놓았다.

[그림 B-12]「재무제표 접근법」흐름도

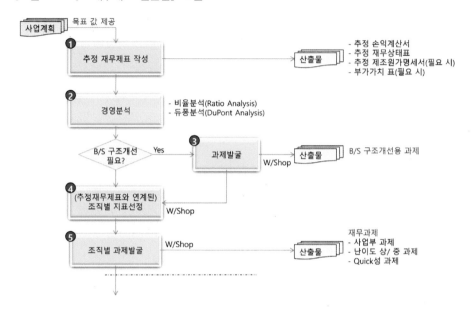

'조직별 과제 발굴' 과정은 「기존의 과제 선정 방법」 중 '5. 사업부 과제 전개형'의 'Analyze Phase'와 매우 흡사하다. 당시를 상기하면 Define Phase 에서 마련된 '사업부 CTQ'를 Measure Phase에서 하위 전개하고, 그들 중 회사 목표달성에 중요한 '핵심 지표'를 선정한 후, 이어 '현 수준'과 '목표 수준'을 설정하였다. 다음 Analyze Phase로 넘어가 선정된 지표의 목표 달성을 위한 '활동'들을 워크숍을 통해 규정짓게 되는데, 최종 확정된 '활동'들을 다듬으면 향후 수행할 '과제'가 되었다. 다시 현재로 돌아오면 우리는 지금 회사의 경영 목표를 달성할 '조직별 지표'와 '목표 수준'을 결정한 상태이며, 이것은 '5. 사업부 과제 전개형'에서의 Measure Phase 결과에 대응한다. 따라서 이 지표들을 이용한 과제 발굴은 "어떤 활동을 두드러지게 해서 정해진 목표를 달성할 수 있는가?"에 초점이 맞춰져야 한다. 이 과정 역시 내용을 잘 아는 팀원 모두가 참석한 워크숍을 통해 이루어지며 이전과 같이 세부 운영에 대해선 설명을 생략한다. 다만 발굴 과정에 꼭 염두에 두어야 할 사항들에 대해서만 지적하고 넘어가겠다. 다음의 가정된 상황을 보자.

사무실에서 일을 하던 중 12시 정오가 돼서 점심을 먹으러 간다고 가정해 보자. 우선 누군가 잠입(?)해서 중요 자료를 훼손하면 곤란하므로 검토하던 각종 보고서는 서랍에 넣고 잠금을 하며, PC에 열려져 있던 문서 파일들도 일제히 정리한다. 이어 자리를 떠서 함께 갈 동료를 찾고, 이동 중에 무엇을 먹을지 간단히 논의를 하는 것도 빠트려선 안 될 중요한 과정이다. 목적지에 도달하면 예정된 음식을 주문하고 목표로 했던 점심식사를 맛있게 한다. 웬 뜬구름 잡는 점심 식사 이야긴가 할지 모르겠지만 가만히 과정을 뜯어보면 우리가 하려는 일과 정확히 빗대어 설명할 수 있다. 예를 들어 점심식사 비용을 요 며칠간 계속 10,000원 짜리 이상을 지불했던지라 이번엔 수지타산을 맞추기 위해 5,000원 선으로 생각한다고 할 때, 금일 점심식사의 모든 활동은 계획에 걸맞게 이루어져야 한다. 이 경우 주된 활동은 "먹고 싶은 음식들 중에서 5천 원 내외의 음식점을 찾는 일"이 될 것이며, 제약 조건은 "함께 식사할 동료의 동조를 얻는 일"이 돼야 한다. 결론적으로 모든 일이 순조롭게 진행돼서 목표인 5천 원 선에서 원하는 음식을 맛있게 먹었다고 가정하자. 즉 목표가 달성된 것이다. 그런데 금일 있었던 점심식사의 목표를 달성하기 위해 오로지 "먹고 싶은 음식들 중에서 5천 원 내외의 음식점을 찾는 일"과 "함께 식사할 동료의 동조를 얻는 일"만 수행했던 것일까? 아니다. 식사하러 가기 전 '중요 문서를 안전하게 보관했으며', 'PC 내 보던 문서들도 닫고 보안 설정도 확인'하였다. 필요하면 'PC의 전원을 끄는 것'도 고려해볼 만하다. 활동에 좀 더 디테일을 주면 '의자도 책상에 바짝 밀어 넣어 다른 사람 이동에 불편함이 없도록 하는 일'도 일이고, 또 불필요한 전력을 소모하지 않도록 '실

내등을 끄는 일'도 필요할 수 있다. 그런데 이 모든 작업이 회사에서 표준은 아니더라도 점심시간에 꼭 해야 할 에티켓이나 조금 강도 높게 지침 등으로 내려진 상황이면 지켜져야 할 주요 활동임엔 틀림없다. 꼭 그럴 리는 없겠지만 PC를 끄지 않았다고 해서 목표인 '5천 원짜리 점심식사'를 못 하게 될 지경까진 안 가더라도 나중에 상급자로부터 한소리 꾸중을 듣는다면 맛있게 먹었던 점심이 소화가 안되는 지경에 이를 수도 있다. 즉 '5천 원짜리 점심식사'를 하려는 전 과정의 품질(또는 우리로 치면 과제의 품질)이 'PC를 끄지 않은 일(즉 소소한 일)'로 악영향을 받을 수 있다는 얘기다. 전달할 내용이 정확히 무엇인지 시각화하기 위해 다음의 그림을 그려보았다.

[그림 B-13] '과제 발굴' 이해를 위한 예시도

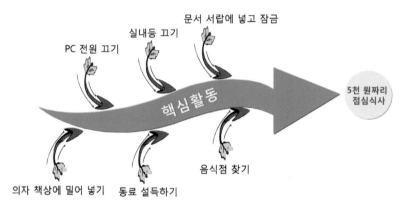

[그림 B-13]을 보면 '목표=5천 원짜리 점심식사'이며, 이를 달성하기 위해 적어도 '동료 설득하기'와 '음식점 찾는 일'이 덧붙는다면 나머진 열심히 '이동하는 일'을 통해 목표를 달성할 수 있다. 즉 이들 세 가지는 만일 목표 달성을 위해 과제를 발굴해야 할 상황이면 빠져선 안 될 중요한 '핵심 활동'들

에 속한다. 그렇다면 그 외의 '활동'들은 어떻게 평가해야 할까? 사실 없어도 목표 달성에 큰 지장을 초래하진 않겠지만 혹 중요 보안 문서를 책상에 놓고 나간 걸 감사팀에서 암행 관찰을 통해 우연히 발견한다면 얘기가 달라질 수 있다. 시말서를 쓸 수도 있으며 시범 케이스로 걸리면 징계까지 받을 수 있어 분명 점심식사가 즐겁지만은 않게 된다. 즉 목표는 달성했지만 과정의 품질은 나락으로 떨어질 수밖에 없다. 경우에 따라선 식사 이동 중에 감사팀 순찰이 뜰 거라는 긴급 메시지가 전달된다면 점심을 못 먹을 상황도 발생할 수 있다. 이렇게 되면 점심식사와 직접적 관련이 없다고 생각한 소규모 활동이 목표 달성 자체를 못 하도록 영향력을 행사하는 일이 벌어질 수도 있다. 그럼 이런 소소한 그렇지만 꼭 짚고 넘어갈 '활동'들을 우리네 과제 발굴 과정에선 어떻게 이해해야 할까? 이들은 익히 알려진 '즉 실천(Quick Fix)' 과제들에 속한 다. 즉 목표 달성을 위한 '핵심 활동'들이 있으면 반드시 그 활동의 품질을 높여 줄 '소소한 해야 할 일'들이 다량 존재하는데 과제 발굴에 있어 이들 '소소한 활동'들을 전부 규명하는 일 또한 매우 중요하다. 만일 규명된 '활동' 이 '소소한 활동'이 아닌 '다소 규모 있는 활동'이면 '즉 실천 방법론'이 아닌 '빠른 해결 방법론'이 유효할지 모른다. '규모 있는 일'엔 그에 걸맞은 '규모 있는 방법론'이 따라야 하기 때문이다. 요약하면 목표 달성을 위한 과제 발굴 에 있어 크고 중요한 '핵심 활동'을 찾는 일도 중요하지만 그에 맞는 '즉 실 천' 요소들을 대거 찾아내는 일도 결코 소홀히 해선 안 된다. 이 부분만 명심 하면 과제 발굴 과정의 품질 또한 매우 높아질 것임을 확신한다.

과제 발굴이 완료되었으면 「기존의 과제 선정 방법」 중 '5. 사업부 과제 전 개형'의 'Analyze Phase'에 소개되었던 [그림 A-30]의 '하위 과제 목록'과 [그림 A-31]의 '과제 기술서'를 작성해서 워크숍 활동을 마무리한다. 기억을 되살리면 '하위 과제 목록'은 '발굴된 과제들의 명칭과 목표 수준, 리더 이름, 시작일과 완료일로 이루어진 목록'들이었으며, '과제 기술서'는 '각 목록 내 과제별로 과제 선정 배경, 문제, 목표, 효과, 범위, 팀원, 일정들을 기술한 문서'를 지칭한 바 있다. 다음은 최종 완성된 '하위 과제 목록'의 예를 보여준다.

[표 B-26] '하위 과제 목록' 예

구분	과제명	과제 유형	리더	일정
B/S 구조개선	비유동 자산 축소를 통한 현금성 자산 OOO 증대	Quick	홍기동	~xx.xx
	영업외 수익(비용), 특별 이익(손실) 조정을 통한 순이익 OOO 증대		이만기	~xx.xx
	비유동 부채 축소를 통한 자기자본 승수 OOO 달성		최선해	~xx.xx
	...	...	...	...
프로세스 개선	중복 업무 통합을 통한 당 부서 일반관리비 8% 절감	Quick	조단순	~xx.xx
	...		...	...
	금리 차별화를 통한 약관 대출 비율 10% 향상	프로세스 개선	김청결	~xx.xx
	절차 간소화를 통한 메일 반송 비용 8% 절감		송완벽	~xx.xx
	...	...	...	...
	통신 회선 다양화를 통한 통신비 15% 절감	Quick	차순서	~xx.xx
	...	...	...	...
	로얄고객 서비스 차별화를 통한 재계약률 15% 향상	설계	임확신	~xx.xx
	청약서 전산화를 통한 관리 비용 10% 절감	Quick	조만화	~xx.xx
	고객 세분화 대응을 통한 계약 유지율 5% 향상	**Quick**	유리해	~xx.xx
	...	...	...	...

[표 B-26]은 금융 부문의 과제 발굴을 가정해서 목록화한 것이다. '과제 유형'엔 분석이나 해결 난이도가 높은 '프로세스 개선', 프로세스 설계가 필요한 '설계'성, 빠른 처리가 가능한 'Quick'성 과제들이 나열돼 있다(고 가정한다). 각 과제별 '과제 기술서' 예는 생략한다.

이로써 재무 과제의 발굴 과정과 단계별 중점 사항들을 알아보았다. 그런데 과제가 재무적 관점에서만 도출되면 그렇지 못한 부서나 다른 유형의 프로세스에 속한 담당자들은 의문을 가질 수밖에 없다. 이 부분에 대해선 [그림 B-

6]의 '재무제표 접근법 흐름도' 맨 끝단계의 「P-FMEA 접근법」으로 설명을 미룬 바 있다. 이제 이 방법에 대해 알아보자.

2. 'P-FMEA 접근법'을 이용한 비재무 과제 발굴법

'비재무 과제'의 개념에 대해선 '새로운 과제 선정 방법'의 '개요' 단계에서 자세히 설명한 바 있다. 이해를 돕기 위해 [그림 B-1]과 [그림 B-2]를 다음에 다시 옮겨놓았다(하나로 합쳐서 옮김).

[그림 B-14] '재무 과제'와 '비재무 과제' 개요도

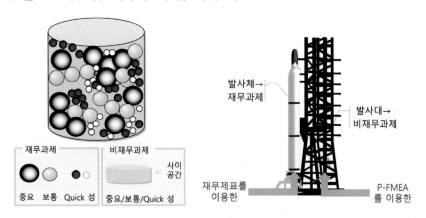

[그림 B-14]의 왼쪽 그림 경우 '재무 과제'는 프로세스에서 꼭 관리해야 할 눈에 보이는 개선 대상인 반면, '비재무 과제'는 눈에 보이지 않고 잠재돼 있지만 전체 틀(원기둥)을 유지하는 데 없어선 안 될 중요한 대상임을 표현한 다. 일반적으로 '과제'는 대부분 '재무 과제'의 것들을 지칭함에 따라 '비재무

과제'는 상대적으로 위축되고 관심에서 멀어져 보이기 일쑤다. 그러나 과제를 완료한 이후 생기는 문제나 완료 자체를 더디게 하는 요소가 대부분 눈에 보이지 않는 잠재된 문제들에 기인하는 경우가 많으므로 이들의 발굴과 개선도 '재무 과제'만큼 중요하게 고려돼야 한다.

[그림 B-14]의 오른쪽 그림은 '재무 과제'와 '비재무 과제'를 동등한 중요도로 봤을 때 마치 위성의 '발사체'와 '발사대'에 비유할 수 있으며, 전자는 실제 우주로 쏘아 올리고 싶은 대상(즉 우리가 해결하고 싶은 눈에 보이는 문제)인 반면, 후자는 '발사체'를 정상적으로 발사하도록 돕는 없어선 안 될 대상(즉 잘 인지되진 않지만 없으면 전체 프로세스가 정상으로 작동하지 않음)임을 나타낸다. 추가로 '발사체' 같은 눈에 보이는 중요한 개선 대상은 '재무제표를 이용한 방법'을, '발사대' 같은 눈에 보이지 않는 잠재된 개선 대상은 'P-FMEA를 이용한 방법'을 통해 과제가 발굴됨을 시각적으로 표현하고 있다. 그런데 「재무제표 접근법」과 「P-FMEA 접근법」을 통해 과제가 발굴되더라도 다음과 같은 의문에서 자유로울 수 없다.

의문 1) 「P-FMEA 접근법」을 통해 과제가 발굴되더라도 이미 발굴된 '재무 과제'들과의 인과관계나 중첩의 문제, 상호관계 등에 대해선 어떤 방법으로 정리하고 조정해나가야 할까?
의문 2) 또 '조직별 지표'와 '조직별 과제 발굴'에서 보듯 조직 내에서의 워크숍을 통해 과제가 발굴되면 타 조직과 연계된 과제들은 어떻게 규명되고 발굴될 수 있는가?
의문 3) 끝으로 조직에서 직접 발굴한 과제가 아닌 그 이외의 출처, 즉 회사로부터 Top-down으로 부여받거나 주변 타 부서의 요청으로 새롭게 추가된 과제들은 어떤 식으로 처리해야 할까?

‘의문 1)’에 대해선 ‘비재무 과제’가 [그림 B-14]와 같이 원기둥 내 빈 공간의 개념처럼 눈에 안 보이는 잠재된 실체라면 재무제표를 이용해 발굴된 ‘재무 과제’들과 임의의 관계를 유지하고 있을 가능성이 매우 높다. 그러나 실제 ‘FMEA’를 작성하는 과정 중엔 ‘재무 과제’와의 연계성을 일일이 따지기보다 잠재 위험도가 높은 순으로 선별된 항목들이 과제로 발굴된다. 이렇게 발굴된 과제들 중 앞서 선정된 ‘재무 과제’와 연계성이 높다고 판단되면 그를 찾아 ‘즉 실천(Quick Fix)’으로 등재하거나, 특정 고난이도 수준의 ‘재무 과제’와 동등한 규모라면 그와 엮어 ‘사업부 과제’로 등재한다. 물론 관련성이 없으면 ‘비재무 과제’ 자체로 독립적으로 수행하면 그만이다.

다음 ‘의문 2)’에 대해선 각 조직별로 재무제표로부터 유도된 지표들을 이용해 ‘재무 과제’를 발굴한다. 이에 반해 조직 내 프로세스를 이용해 ‘비재무 과제’를 발굴할 경우, 회사 내 모든 조직 간 프로세스는 얽히고설켜 있어 특정 조직의 과제만으론 회사의 전체 최적화를 꾀하는 데 취약할 수밖에 없다. 그러나 이런 우려는 FMEA의 용법을 잘 몰라서 생기는 문제다. FMEA의 작성이 특정 조직 내 프로세스를 기반으로 시작하는 것은 맞지만 나오는 잠재 문제들이 그 조직에 한정돼서 적출되진 않는다. 심지어 FMEA를 수행하는 조직과 너무 동떨어진 범위까지 기술되는 결과에 가끔 놀라곤 한다. 따라서 이 의문은 FMEA를 통해 과제가 발굴되는 과정을 학습함으로써 자연스럽게 해소된다.

끝으로 ‘의문 3)’은 조직 내 의지로 탄생한 과제가 아닌 그 이외의 출처로부터 과제 수행을 제의받거나 검토 요청을 받은 경우를 염두에 둔 예이다. 과제 발굴 방법론이 ‘재무제표’와 ‘P-FMEA’에 한정하고 있으므로 외부로부터 과제가 추가되면 발굴한 과제들과 어떤 방법으로 구분하고 정리해야 할지 난감할 수 있다. 결론적으로 이와 같은 유형들은 현재 작성 중인 ‘P-FMEA’에 포함시켜 FMEA의 용법에 따라 검토한다. 이때, FMEA 첫 입력 열의 ‘프로세스 단계' 중 어디에 포함시킬지를 고민한다. 일단 신규 항목이 추가되면 잠재 고장 모드, 잠재 영향, 잠재 원인으로 분해해가면서 문제의 실체가 명확해지고 그에 따라 앞서 우려했던 문제들도 해소된다. 만일 새롭게 추가된 과제가 FMEA를 수행하는 부서의 것이 아니면 그를 수용할 적합한 조직에 인계하는 것도 한 방법이다.

[그림 B-15] 과제 발굴 시 고려 사항 개요도

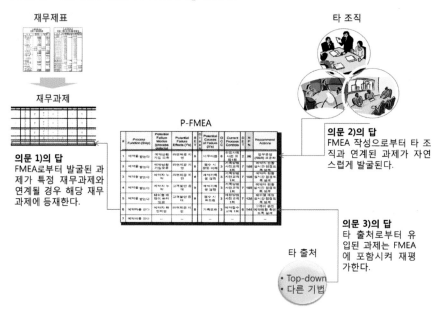

[그림 B-15]에서 'P-FMEA'를 통해 '재무 과제', 또는 그와 연계된 '비재무 과제'가 추가로 발굴될 수 있으며, 타 조직과 연계된 과제 역시 포함될 수 있다. 또 출처가 전혀 다른 곳에서 발의된 과제가 있다면 일단 'P-FMEA'에 추가한 뒤 재평가한다. 재평가 결과 수행의 타당성이 확인되면 당

조직에서, 그렇지 않으면 관련 조직을 찾아 과제를 이관한다.

지금까지 내용을 충분히 익혔다면 남은 일은 'P-FMEA'를 이용해 어떻게 과제가 발굴되고, 어떤 방법으로 정리되며, 또 수행과 '사후 관리'는 어떻게 이루어지는지에 대해 설명할 일만 남아 있다. 이제부터 「P-FMEA 접근법」에 대해 자세히 알아보자. 이를 위해 'P-FMEA'의 탄생 배경을 잠깐 들여다보는 일부터 시작한다.

2.1. 'P-FMEA'의 탄생 배경

'FMEA(Failure Mode & Effect Analysis)'는 문제 해결 과정에 입문했던 사람이면 누구나 한번쯤 들었거나 사용해봤던 아주 익숙한 도구들 중 하나이다. '40-세부 로드맵'에선 'Step-6. 잠재 원인 변수의 발굴'에서 주로 '잠재 인자(Potential Causes)'를 발굴하는 용도로 쓰인다(설계 부문인 '50-세부 로드맵'에선 Analyze Phase의 'Step-9.1. 설계 요소 발굴'에서 활용됨). 그러나 변수 발굴의 용도는 매우 협의의 쓰임이며 실제로는 그보다 훨씬 더 높은 활용도와 중요도로 많은 업계에서 이용된다.[24]

'FMEA'는 제품 설계 과정에서 매우 중요한 역할을 하는 신뢰성 분야의 한 도구이다. 애초 미국 해군의 군수 제품이나 NASA의 위성 제작과 관련이 있어 기술 분야에 적합한 도구로 성장했지만 1940년대 초부터 현재까지 약 80여 년간 그 효용성이 입증되면서 다양한 분야로의 응용 범위를 넓혀놓은 상태다. 사실 과제를 발굴하는 용도로의 'FMEA'는 요약 설명으로 충분하지만

---

24) '40-세부 로드맵'은 「Be the Solver_프로세스 개선 방법론」 편에서, '50-세부 로드맵'은 「Be the Solver_제품 설계 방법론」에서 쓰이는 문제 해결 방법의 로드맵들이다.

응용력을 키운다는 취지에서 상세한 탄생 배경을 다음에 옮겨놓았다. 몇 년 전 삼성전자에 들어가 2~3일 과정으로 엔지니어 대상 FMEA 강의를 했었는데 그때 정리된 내용 중 일부이다.

[표 B-27] FMEA 탄생 배경

연도	배경 설명
1949	US Military가 「미션 성공과 군인/장비 안전에 미치는 영향 정도에 따른 고장」을 분류하기 위해 개발
1960	아폴로 미션 기간 중 항공 우주 업계에서 처음으로 사용
1967	논문 「Fault/Failure Analysis Procedure」를 SAE-ARP에 발표
1974	해군이 FMEA 사용법에 관한 절차를 개발. 즉 MIL-STD-1629(Ship)
1980	Ford사가 모델명 'Pinto'차의 충돌 후 연료 탱크가 터지면서 불꽃과 함께 화염에 휩싸이는 등 문제점을 줄이기 위해 도입
1988	Ford사에서 FMEA 방법론을 제품의 설계뿐만 아니라 제조 과정에 적용시키는 Instruction Manual을 발행(기존 'Design FMEA'에서 'Process FMEA' 탄생 계기가 됨)
1994	미국의 메이저 자동차 회사(Ford, GM, Chrysler)와 그들 공급자들의 투자로 SAE(The Society of Automobile Engineers)에 의해 「SAE Surface Vehicle Recommended Practice, J1739」가 발행됨
1994.6	미 국방부 장관 William Perry는 국방부가 상업적 제품과 실습에 대한 의존도를 증대시키기 위해 「Specification and Standards」로 명명된 조약을 공표하고, 이 결과로 MIL-STD-1629 등이 폐지됨
이후	DSIC(The Defense Standards Improvement Council)에 표준화 개정 과정을 감독하는 특권이 주어지고, DSIC는 SAE와 함께 MIL-STD-1629-1 조항을 조정함. 또 SAE(자동차 공학회)는 G-11을 통해 MIL-STD-1629를 업데이트하는 새로운 FMEA를 개발하는 분과위원회 설립을 인가하고, 이로부터 다양한 형태의 FMEA 기법이 개발되었으며, SAE-ARP-5580(2001)로 탄생함

[표 B-27]을 보면 미국 자동차 제조사인 Ford社에서 설계 문제점을 해결하기 위해 처음 FMEA를 도입한 후 제조사의 특성을 반영해 기존 설계 부문에만 사용돼오던 'Design FMEA'를 '프로세스의 문제점'을 개선하기 위한 'Process FMEA'로 응용했음을 알 수 있다. 즉 표현 중 '프로세스의 문제점 발굴'이 과제 발굴을 위해 'P-FMEA'를 사용할 수 있는 근거이다. 또 이후 국방부에서

민간으로의 완전한 용법 이전 과정을 통해 다양한 분야에서 다양한 용도로
응용돼왔음도 알 수 있다. 우선 'P-FMEA' 기본 양식은 다음과 같다.

[그림 B-16] 'Process FMEA' 양식 예

#	Process Function (Step)	Potential Failure Modes (process defects)	Potential Failure Effects (Y's)	S E V	C l a s s	Potential Causes of Failure (X's)	O C C	Current Process Controls	D E T	R P N	Recommend Actions	Responsible Person & Target Date	Taken Actions	S E V	O C C	D E T	R P N
1																	
2																	
3																	
4																	
5																	
6																	
7																	

본문에서 'FMEA 용법'을 상세하게 전달하는 것은 범위를 벗어나므로
'Design FMEA' 또는 'Design FMEA'와 'Process FMEA' 간 차이점을 학습
할 필요는 없다. 따라서 이들 내용을 나열하기보다 'Process FMEA'가 왜 프
로세스 내 잠재 문제들을 적출해낼 수 있는지 [그림 B-16]을 통해 간단한 예
를 든 후 본론으로 들어가겠다. 그 전에 'Process FMEA 양식'이 어떤 구조로
이루어졌는지 아는 것도 매우 중요한데 이에 대해 먼저 간단히 알아보자.

2.2. 'P-FMEA 양식'의 구조

필자는 연구원으로 재직하던 시절 제조 공정의 전 엔지니어를 대상으로 FMEA

사내 강사로 활동한 적이 있다. 그때 공부한 게 도움이 됐던지 컨설턴트로서도 삼성전자 TFT-LCD와 효성 중공업 등 여러 분야의 기술 담당자를 대상으로 FMEA 강의를 상당 기간 수행하였다. 이런 배경엔 독특한 강의 내용이 교육생들에게 만족도를 높여줄 수 있었기 때문인데, 사실 FMEA는 정성적 도구이기 때문에 엑셀 기준 하루 4시간 정도면 용법을 충분히 전달할 수 있다. 특이한 것은 FMEA 관련 서적이 시중에 나와 있는 것이 거의 없기도 하거니와(과거엔 한두 권 있었으나 그나마 품절된 상태임) 그나마 꼬부랑(?) 글씨로 된 원서를 구해도 기존에 알고 있던 수준 이상의 정보를 얻기엔 역부족이라는 점이다. 정성적 도구이기 때문에 별것 없다는 뜻이다. 용법엔 수식도 없고 또 특징 있는 사례도 별로 없다.[25] 따라서 일부 강사 경우 강의 내용에 'FMEA'와 연계성이 높은 'FTA(Fault Tree Analyse)' 등을 포함시켜 1~2일로 배정된 일정을 소화하기도 한다. 그러나 필자는 연구원 시절 신뢰성 분야에 몸담았던 경력과 또 오랫동안 컨설팅을 해오면서 다양한 분야(금융, 제조, 연구 등)를 섭렵한 경험을 토대로 FMEA의 유용성과 응용성을 확신하게 되었다. FMEA에 대한 이런 신뢰는 '도구' 자체보다 좀 더 확장된 개념으로 바라보는 계기가 되었다. 도입 설명이 길었는데 'FMEA 양식'의 구조를 다음과 같이 해석하면 과제 발굴용 도구로 적절하다는 것을 여러 모로 확인할 수 있다.

[그림 B-17]을 보면 양식 중 열 'Potential Failure Effects(Y's)'는 바로 앞열인 'Potential Failure Modes(잠재 고장 모드)'로부터 야기되는 '영향(Effect)'들을 기술하는 란으로 이들을 우선순위화(열 'SEV'를 활용)하면 프로세스에서의 두드러진 문제점을 발견하게 된다. 이런 개념은 'D-M-A-I-C 로드맵' 중 'Measure Phase'에 대응한다. 잘 알려져 있다시피 'Measure Phase'는 프로세스의 능력을 '측정'하는 Phase로 그러려면 측정 대상인 지표 'Y'를 찾기 위

---

25) 신뢰성 관점에서의 FMEA는 심화된 용법이 별도로 존재한다. 자세한 정보는 「Be the Solver_FMEA」편을 참고하기 바란다.

[그림 B－17] 'FMEA 양식'의 구조

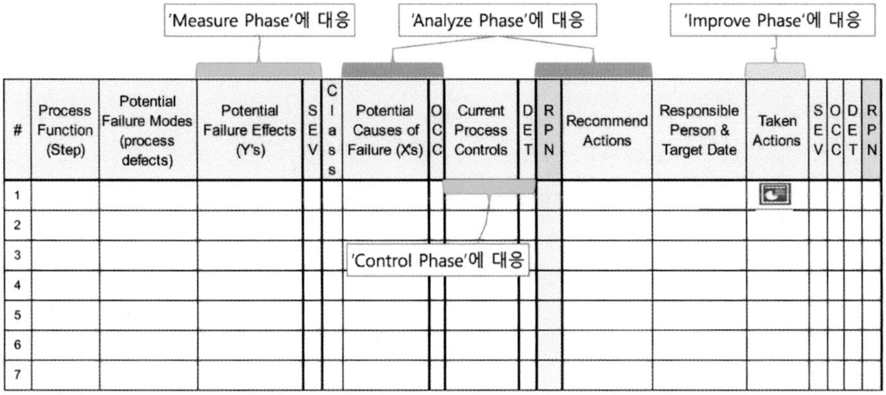
'Measure Phase'에 대응
'Analyze Phase'에 대응
'Improve Phase'에 대응
#
Process Function (Step)
Potential Failure Modes (process defects)
Potential Failure Effects (Y's)
SEV
Class
Potential Causes of Failure (X's)
OCC
Current Process Controls
DET
RPN
Recommend Actions
Responsible Person & Target Date
Taken Actions
SEV
OCC
DET
RPN
1
2
3
4
5
6
7
'Control Phase'에 대응

해 '고객선정 → VOC 수집 → CCR 마련 → 우선순위화 → CTQ 선정 → Y의 확정' 과정을 거친다.[26] FMEA도 유사하게 다양한 '영향(Effects)'들을 적출하고(CCR 마련), 이어 '심각도(SEV)'를 평가함으로써(우선순위화) 프로세스의 중대 문제점을 확인한다(CTQ 또는 Y).

다음 'D－M－A－I－C'의 'Analyze Phase'를 떠올려보자. 'Measure Phase'에서 'Y'의 '현 수준'과 '목표 수준'의 차이를 메울 '잠재 원인 변수'를 발굴한 후 어느 변수가 그 차이를 유발하는지 확인하기 위한 절차, 즉 '가설 검정'을 수행하게 되며, 그 결과 근본 문제를 찾아내 실제 프로세스의 어느 부분을 개선할지 명확화하는 절차로 이어진다. 프로세스의 어느 부위를 어떻게 개선할지 규정짓는 것을 '개선 방향'이라 하고, 이것이 'Analyze Phase'의 최종 산출물이다. [그림 B－17]의 "Analyze Phase에 대응" 부분을 보자. 열 'Potential Causes of Failure(X's)'는 '잠재 원인 변수'에 해당하며, '발생도(OCC)'와 'RPN' 평가를 통해 우선순위가 높은 변수들은 'Analyze Phase'의 '핵심 인자(Vital Few Xs)'에 대응한다. 다시 '핵심 인자'가 규정짓는 프로세스 내 문제

26) 자세한 내용이 필요한 독자는 「Be the Solver_프로세스 개선 방법론」편을 참고하기 바란다.

점을 개선하기 위한 '개선 방향'은 열 'Recommended Actions'에 해당한다. 이 열의 용도는 큰 'RPN'의 문제 가능성이 높은 요소들을 대상으로 향후 어떻게 개선할지 그 내용을 기술하는 란이다. 열 'Recommended Actions'에 언급된 내용을 실천하면 우리가 보통 얘기하는 '개선(Improve)'이 된다. 개선된 내용은 열 'Taken Actions'에 기술하는데 [그림 B-17]을 보면 양식 내에 파워포인트 아이콘을 붙여놓았다. 이것은 각 문제점의 개선이 단순한 '즉 실천'성의 접근도 있지만 경우에 따라 '문제 해결 방법론'을 적용해야 할 문제도 상존한다. 일정 기간과 일정 노력이 요구되는 개선이 단 몇 줄로 기록될 순 없을 것이므로 개선 수행 내역을 기록한 보고서(과제 결과물)를 해당 위치에 '개체 삽입(Embedding)'시켜 놓은 것이다. 여기서 보고서란 '문제 해결 방법론' 등으로 전개된 '파일'을 일컫는다. 끝으로 개선 내용을 유지하고 정해놓은 주기로 모니터링하기 위해선 최종 '관리(Control)'가 필요하며 이에 대한 기술은 양식의 열 'Current Process Controls'에 기록한다. 상세 관리가 필요한 부분은 동일하게 파일로 작성 후 '개체 삽입'시킨다. 이 모든 과정에 익숙하지 않은 독자는 「Be the Solver_프로세스 개선 방법론」편을 참고하기 바란다. 본문에서 별도의 설명은 생략한다.

'FMEA'의 가장 중요한 특징 중 하나는 문제가 발생되기 전에 미리 개선을 하는 데 있다. "문제가 발생하지도 않았는데 벌써 개선했다!"는 의미이므로 과거 자장면을 막 시켰는데 배달이 바로 됐다는 '번개 맨'보다 훨씬 놀라움을 주는 상황이다. 대부분의 도구들이 문제가 발생한 후 해결하는 데 집중되는 점을 감안하면 획기적인 도구임에 틀림없다. 이런 요소를 대변하는 내용이 [그림 B-17]의 열 제목을 보면 모두 "Potential", 즉 "잠재적인"이라는 단어가 공통으로 포함돼 있는 이유이다. -'Potential Failure Modes', 'Potential Failure Effects', 'Potential Causes of Failure'- 그런데 이런 뛰어난 용법 외에도 [그림 B-17]에 보인 바와 같이 'Measure-Analyze-Improve-Control'로 나눌 수 있음은 FMEA가 그 자체로 '문제를 해결하는 도구(Tools)'이면서 하나의 '방법론 (Methodology)'이 될 수 있음을 시사한다. 따라서 이런 특성을 과제 발굴에 잘 활용하면 매우 유용한 결과를 낳을 수 있다. 이어지는 소단원에선 'P – FMEA 활용과 작성법'에 대해 알아본다.

2.3. 'P-FMEA'의 활용(또는 작성) 예

사례를 들기 위해 현재 우리가 경영지원팀 소속이라고 가정하자. 참고로 기업마다 역할에 차이가 있겠지만 경영지원팀은 주로 기업 실적에 대한 재무제표를 작성하고 차년도 '사업 계획서'를 완성해 경영진에 보고하는 업무를 한다(고 하자). 이를 위해서는 각종 지표(환율, 매출액, 원자재 값 등)들에 대한 전망이 매년 주요 이슈가 될 수 있다. 다음은 경영지원팀의 업무 프로세스 일부를 'SIPOC'로 간략히 나타낸 것이다.

[그림 B–18] 경영지원팀 'SIPOC' 작성 예

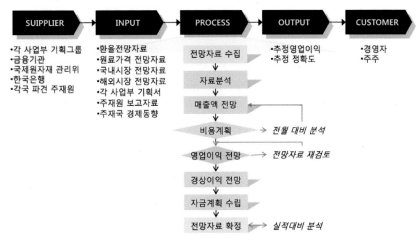

[그림 B-18]은 차년도 계획을 위한 이익 추정 과정을 나타낸 것으로 이들 중 두 번째 활동(Activity)인 '자료 분석' 단계에 대해 P-FMEA를 적용해보자. '자료 분석' 활동은 '각 사업부 기획 그룹'이나 '금융 기관', '국제기관' 등 'Supplier'로 총칭되는 출처들로부터 각종 자료(환율 전망, 원자재 가격 전망, 시장 전망, 생산 전망 등)인 'Input'을 수집하여 이루어지며, 이들을 자사에 적합한 정보로 가공해 차년도 기업 실적을 추정한다. 따라서 자료의 정확성이나 정보 분석 능력이 향후 전망치에 대한 신뢰성을 담보한다. 결국 '자료 분석'에 대한 고객(경영자가 될 수 있다)의 '핵심 요구 사항(CCR)'은 분석의 산출물에 대한 '정보 정확도'가 될 수 있다(CTQ). 이 특성은 [그림 B-14]의 원기둥 내 굵은 구슬(까만색, 연두색)로 대변되는데, 즉 누가 봐도 눈에 보이는 핵심 사항들이고 많은 관심과 지원을 통해 관리돼야 할 대상이기도 하다. 그럼 [그림 B-14]의 원기둥 내 '사이 공간'으로 대변되는 것들엔 어떤 유형이 포함돼야 할까? 이제부터 그들에 대해 알아보고 차이점도 확인해보자.

우선 다음 [표 B-28]의 'FMEA 양식' 첫 열에 '자료 분석'이란 활동을 입력한다. 그 결과는 다음과 같다.

[표 B-28] '잠재 문제' 적출 예('활동' 입력)

No	Process Function (Step)	Potential Failure Modes	Potential Failure Effects(Y's)	S E V	C l a s s	Potential Causes of Failure(X's)	O C C	Current Process Controls	D E T	R P N	Recommended Actions
1	자료 분석										

다음에 할 일은 'Potential Failure Mode'를 채우는 것인데 우리말로는 '잠재 고장 모드'로 해석한다. 조금 부연하면 "자료 분석이란 활동을 하면서 우

리가 잘못했거나, 잘못하고 있거나, 잘못할 가능성이 있는 일이 무엇일까?"
하고 팀원들 스스로 자문하면서 메워나간다. 예를 들어 분석이 잘못 이루어지
는 배경엔 다음의 유형들이 직감적으로 떠오른다.

  ▷ 환율 정보의 부정확
  ▷ 관리부서 '일반 관리비' 추정 부정확
  ▷ 각 사업부 기획부서 추정값 부정확(생산량, 원재료 투입량, 생산성 등)
  ▷ 각 사업부별 전망 수준의 차이(낙관적인지 부정적인지 등)
  ▷ 영업부의 시장 전망 부정확
  ▷ …

P-FMEA를 정식으로 작성해나가면 앞서 기술된 모든 항목들을 입력해야
하나 설명을 단순화하기 위해 두 개만 선택해보겠다. 다음은 '관리부서 일반
관리비 추정 부정확'과 '각 사업부별 전망 수준의 차이(낙관적인지 부정적인
지 등)'를 입력한 예이다.

[표 B-29] '잠재 문제' 적출 예('잠재 고장 모드' 입력)

No	Process Function (Step)	Potential Failure Modes	Potential Failure Effects(Y's)	S E V	C l a s s	Potential Causes of Failure(X's)	O C C	Current Process Controls	D E T	R P N	Recommended Actions
1	자료 분석	관리부서 일반관리비 추정 부정확									
2	자료 분석	각 사업부별 전망 수준의 차이									
	…	…									

[표 B-29]에서 두 개의 '잠재 고장 모드'는 '자료 분석' 활동에 있어 '우려 되는 일'쯤으로 받아들인다. 주의할 점은 횡으로 채워나가지 말고 지금과 같이 한 개 열 전체를 메운 뒤 다음 열로 넘어가는 방식을 취한다. 여기까지 진행돼 팀원들로부터 더 이상 '잠재 고장 모드'가 적출되지 않으면 다음 열인 'Potential Effect(s) of Failure', 즉 우리말 '잠재 고장 영향'으로 넘어간다.

'잠재 고장 영향'은 앞서 적출된 '잠재 고장 모드'로 인해 "도대체 우리 프로세스([그림 B-18] 내 'SIPOC')에 무슨 일이 벌어질까?"라고 자문하면서 얻어진 내용들을 채워나간다. 예를 들어 적출된 '잠재 고장 모드'들 각각에 대해 현재 또는 향후 프로세스에서 벌어질 일들을 예상(또는 추정)하면 대략 다음과 같은 것들이 적출될 수 있다(일어날 시점이 다르다고 따로 구분하거나 분류할 필요는 없다. 또 형식을 따질 필요도 없다. 팀원들이 표현한 어떤 유형이라도 그대로 포함시킨다).

[표 B-30] '잠재 고장 모드'별 가능한 '잠재 고장 영향' 예

잠재 고장 모드	잠재 고장 영향
관리부서 일반 관리비 추정 부정확	- 추정 손익 변동 - 회기 기간 중 보정 작업 과다 발생 - 경영자의 부적절한 의사 결정 - 일반 관리비 과다 책정 - 일반 관리비 과소 책정 …
각 사업부별 전망 수준의 차이	- 원료 수급에 악영향 - 추정 손익 변동 - 투자 규모 설정에 악영향 - 전망치 갭이 클 시 책임 추궁 발생 …
…	…

[표 B-30]을 보면 '경영자의 부적절한 의사 결정'과 '회기 기간 중 보정

작업 과다 발생'은 시간적으로 선후관계에 있으며, '일반 관리비 과다(과소) 책정'은 '추정 손익 변동'과 '인과 관계'에 있다. 그러나 '잠재 고장 영향'을 적출할 때는 이런 구분은 의미가 없을 뿐더러 따지는 일조차도 불필요하다. 오로지 '잠재 고장 모드'의 관점에서만 가능한 '영향'들을 브레인스토밍으로 나열한다. 또 '추정 손익 변동'은 두 '잠재 고장 모드'에 공통으로 포함돼 있는데 이 역시 작성 중 따로 구분하거나 반복 여부를 감시할 필요가 없다. 자꾸 불필요한 규칙을 만들고 작성 중 분석적으로 접근하다보면 전개에 제약이 따르고 이것은 곧바로 팀원들이 능동적으로 참여하는 길을 차단하는 역효과를 불러일으킨다. 프로세스 내 잠재된 정보가 어떻게 증폭되고 정리되어 가는지 확인하는 차원에서 [표 B-30]의 내용 전체를 다음과 같이 양식에 포함시켜 보았다.

[표 B-31] '잠재 문제' 적출 예('잠재 고장 영향' 입력)

No	Process Function (Step)	Potential Failure Modes	Potential Failure Effects(Y's)	S E V	…	R P N
1	자료 분석	관리부서 일반관리비 추정 부정확	추정 손익 변동		…	
2	자료 분석	관리부서 일반관리비 추정 부정확	회기 기간 중 보정 작업 과다 발생		…	
3	자료 분석	관리부서 일반관리비 추정 부정확	경영자의 부적절한 의사 결정		…	
4	자료 분석	관리부서 일반관리비 추정 부정확	일반 관리비 과다 책정		…	
5	자료 분석	관리부서 일반관리비 추정 부정확	일반 관리비 과소 책정		…	
6	자료 분석	각 사업부별 전망수준의 차이	원료 수급에 악영향		…	
7	자료 분석	각 사업부별 전망수준의 차이	추정 손익 변동		…	
8	자료 분석	각 사업부별 전망수준의 차이	투자 규모 설정에 악영향		…	
9	자료 분석	각 사업부별 전망수준의 차이	전망치 갭이 클 시 책임 추궁 발생		…	
	…	…	…		…	

우선 [표 B-31]에서 바로 느낄 수 있는 점은 불어나는 사건들의 양이다 (편의상 '잠재 고장 영향' 이후의 열은 생략하였다). 프로세스 활동(Activity) 이 '자료 분석' 하나에, 그것도 '활동'에 해당되는 '잠재 고장 모드' 두 개만을

포함시켰음에도 10여 개가 나열되었다. 나중에 알게 되겠지만 '잠재 고장 원인'을 발굴하는 단계에 이르면 이보다 훨씬 더 많은 양으로 불어난다. "기하급수적이다"란 표현에 걸맞은 증폭 효과로 이어진다. [표 B-31]의 각 항목들을 조망해보면 '추정 손익 변동' 같은 '잠재 고장 영향'이 동일하게 존재하나 그에 원인 제공자인 '잠재 고장 모드'가 하나는 '관리부서 일반관리비 부정확'인 반면, 다른 하나는 '각 사업부별 전망 수준 차이'로 다르다는 데 주목한다. 즉 두 사건은 원인 제공이 다르므로 결국 다른 사건임을 알 수 있다. 또 한 가지 주의할 점은 하나의 셀엔 하나의 항목만 기재한다. 예를 들어 '일반 관리비 과다 책정'과 '일반 관리비 과소 책정'은 '일반 관리비 과다(소) 책정'과 같이 하나의 어구로 표현해 한 항목으로 간주될 수 있으나 '과대'와 '과소'는 엄연히 다른 상황이므로 따로 분류한 뒤 서로 다른 셀에 기재하는 게 올바른 작성법이다. '잠재 고장 영향'이 마무리되면 이어 'SEV(Severity)'로 적혀 있는 '심각도'를 입력한다.

'심각도'는 '잠재 고장 영향' 열 바로 옆에 붙어 있다. 그 이유는 '잠재 고장 영향'의 내용을 보고 판단해서 값을 입력하라는 뜻이다. 통상 다음과 같은 기준을 적용해 평가한다.[27)]

[표 B-32] '심각도' 등급 작성 지침 예

판단 기준	등급
고객의 안전에 영향을 미치고, 법규(또는 사규)를 어기는 수준	9~10
제품(상품)이 정상 상태가 아니고, 고개 불만이 높은 수준	6~8
고객이 불편을 느끼고, 제품(상품)의 결점을 인지한 수준	5
고객이 가벼운 정도의 불만을 느끼는 수준	3~4
고객 또는 다음 프로세스에 영향이 거의 없는 수준	1~2

---

27) 지침은 출처에 따라 차이가 있거나 기업 특성에 맞게 조정해 적용할 수 있다.

[표 B-32]를 근거로 '심각도'를 작성할 때, '잠재 고장 영향' 중 '추정 손익 변동'은 본 업무 프로세스가 추정을 정확히 하는 데 있으므로 만일 그 추정 값에 변동이 크면 큰 타격이 아닐 수 없다. 따라서 이 경우 '심각도=9' 정도를 부여한다(고 가정한다). 유사하게 [표 B-31]을 평가하면 다음과 같다.

[표 B-33] '잠재 문제' 적출 예('심각도' 입력)

No	Process Function (Step)	Potential Failure Modes	Potential Failure Effects(Y's)	S E V	...	R P N
1	자료 분석	관리부서 일반관리비 추정 부정확	추정 손익 변동	9	...	
2	자료 분석	관리부서 일반관리비 추정 부정확	회기기간 중 보정 작업 과다발생	7	...	
3	자료 분석	관리부서 일반관리비 추정 부정확	경영자의 부적절한 의사결정	10	...	
4	자료 분석	관리부서 일반관리비 추정 부정확	일반관리비 과다 책정	5	...	
5	자료 분석	관리부서 일반관리비 추정 부정확	일반관리비 과소 책정	8	...	
6	자료 분석	각 사업부별 전망수준의 차이	원료수급에 악영향	8	...	
7	자료 분석	각 사업부별 전망수준의 차이	추정 손익 변동	9	...	
8	자료 분석	각 사업부별 전망수준의 차이	투자규모 설정에 악영향	3	...	
9	자료 분석	각 사업부별 전망수준의 차이	전망치 갭이 클 시 책임 추궁 발생	5	...	
	...	...	...		...	

[표 B-33]의 '심각도(SEV)' 평가를 보면 '추정 손익 변동'과 같이 동일한 표현은 항상 '심각도' 값을 동일하게 입력한다. 그런데 만일 '잠재 고장 모드'의 영향 정도가 달라 똑같은 '추정 손익 변동'이라도 고객에 미치는 피해가 다르면 표현도 달리 가져간다. 예를 들어, 하나는 '추정 손익을 약간 변동시킴'으로, 다른 하나는 '추정 손익을 크게 변동시킴'으로 달리 입력하는 경우이다. 이때는 자연히 전자 경우 '심각도'는 '4' 정도, 후자 경우는 '9' 정도가 적합할 것이다. 참고로 '투자 규모 설정에 악영향'은 기업 특성상 투자가 차년도를 기준으로 이루어지기보다 중장기 전망을 통해 이루어지고 있음을 가정하고 크게 고려할 대상이 아니라고 판단해 '3'을 기입하였다(고 가정한다). 이제

중요한 단계인 '잠재 고장 원인'을 적출할 일만 남았다.

'잠재 고장 원인'을 적출할 때 주의 사항으로 '원인'의 대상이 '영향'이 아니라 '고장 모드'라는 점이다. 미국의 컨설팅사인 'SBTI社'의 교재엔 이 부분을 설명하는 재미있는 그림이 소개돼 있다. 그림을 옮기면 다음과 같다.

[그림 B-19] '고장 모드, 고장 영향, 고장 원인' 간 관계

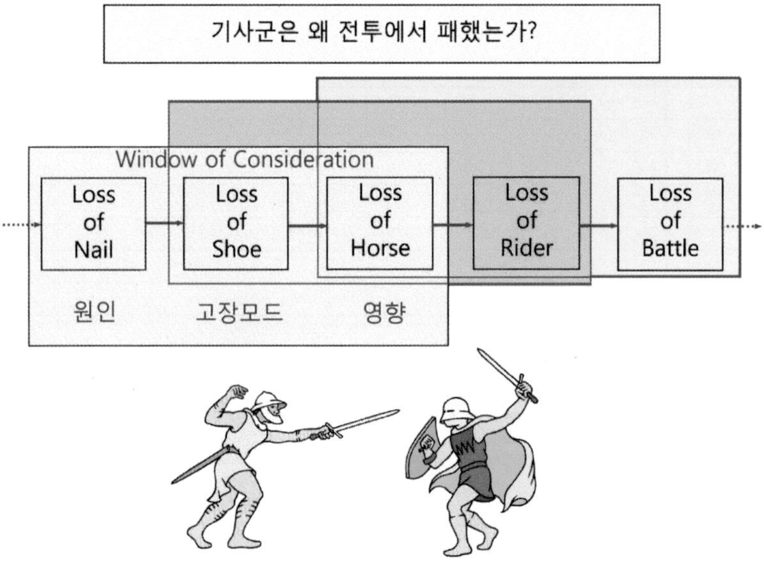

[그림 B-19]는 '기사가 전쟁에 패한 이유'의 '인과 관계'를 보여준다. 즉 '말의 발톱이 빠짐 → 말발굽이 떨어져 나감 → 말이 쓰러짐 → 기사가 낙마함 → 전쟁에 패함'의 관계가 성립한다. 물론 말 발톱이 왜 빠졌는지에 대해 더 근본적인 원인 규명도 가능하다. 그런데 우리가 'FMEA'를 작성해나갈 땐 이런 전체적인 '인과 관계'의 구도를 고려하진 않는다. 따라서 다양한 조합의 관계가 '원인', '고장 모드', '영향' 사이에서 발생하는데, 예를 들어 [그림 B-

19]의 첫 사각형(회색 바탕)을 보면 '말의 발톱이 빠짐 → 말발굽이 떨어져 나감 → 말이 쓰러짐'을 포함하며, 이때의 '원인', '고장 모드', '영향'을 각각 대응시키면 '말의 발톱이 빠짐(원인) → 말발굽이 떨어져 나감(고장 모드) → 말이 쓰러짐(영향)'으로 해석된다. 만일 [그림 B-19]의 두 번째 사각형(주황색 바탕)을 참조하면 이전과 달리 '원인', '고장 모드', '영향'들은 각각 '말발굽이 떨어져나감(원인) → 말이 쓰러짐(고장 모드) → 기사가 낙마함(영향)'과 같은 새로운 대응 관계가 성립한다. 이와 같은 관계를 이해하는 것은 매우 중요한데 왜냐하면 교육을 하다보면 어떤 것이 '원인'이고, 어떤 것이 '고장 모드'인지 질문을 하는 교육생이 매우 많기 때문이다. 지나면서 하는 말이지만 'FMEA'를 통해 서로 관계되는 사건을 찾으면서 연결해나가면 'Logic Tree'가 됨을 알 수 있다. 이제 본론인 '잠재 고장 원인'을 적출하는 예로 넘어가자. 다음 [표 B-34]는 '잠재 고장 원인'을 적출한 예이다.

[표 B-34] '잠재 문제' 적출 예('잠재 고장 원인' 입력-1/2)

No	Process Function (Step)	Potential Failure Modes	Potential Failure Effects(Y's)	S E V	Potential Causes of Failures(X's)	O C C	...	R P N
1	자료 분석	관리부서 일반관리비 추정 부정확	추정 손익 변동	9	수집 정보 활용 미숙	...	...	
					주먹구구식 추정		...	
2	자료 분석	관리부서 일반관리비 추정 부정확	회기기간 중 보정 작업 과다발생	7	수집 정보 활용 미숙	...	...	
					주먹구구식 추정	...	...	
...	...	...	...	...	...	...	...	
6	자료 분석	각 사업부별 전망수준의 차이	원료수급에 악영향	8	전망 추정 방법이 제각각으로 이루어짐	...	...	
					급하게 작성됨	...	...	
7	자료 분석	각 사업부별 전망수준의 차이	추정 손익 변동	9	전망 추정 방법이 제각각으로 이루어짐		...	
					급하게 작성됨	...	...	
	...	...	...	...	...	...	...	

[표 B-34]에서 'No. 1'의 사건 경우 "수집 정보 활용 미숙(잠재 고장 원인) 또는 주먹구구식 추정(잠재 고장 원인)으로 관리부서 일반 관리비 추정이 부정확(잠재 고장 모드)해져 추정 손익에 변동(잠재 고장 영향)이 발생"이란 사건을 나타낸다. 하나의 '잠재 고장 모드'에 두 개의 '잠재 고장 원인'이 관계되는 예이다. 그런데 'No. 2'의 사건을 보면 '잠재 고장 모드'가 'No. 1'과 똑같으므로 '잠재 고장 원인' 역시 두 개가 동일하게 걸린다([표 B-34] 참조). 다시 말해 '잠재 고장 원인'의 개수만큼 사건의 수가 늘어나므로 전체 개수는 가히 기하급수적인 증가로 나타난다. 이런 전개는 매 사건마다 반복된다. 다음 [표 B-35]는 [표 B-34]의 빈 셀을 메워 양식을 완성한 예이다.

[표 B-35] '잠재 문제' 적출 예('잠재 고장 원인' 입력-2/2)

No	Process Function (Step)	Potential Failure Modes	Potential Failure Effects(Y's)	S E V	Potential Causes of Failures(X's)	O C C	...	R P N
1	자료 분석	관리부서 일반관리비 추정 부정확	추정 손익 변동	9	수집정보 활용 미숙	...	...	
2	자료 분석	관리부서 일반관리비 추정 부정확	추정 손익 변동	9	주먹구구식 추정		...	
3	자료 분석	관리부서 일반관리비 추정 부정확	회기기간 중 보정 작업 과다발생	7	수집정보 활용 미숙	...	...	
4	자료 분석	관리부서 일반관리비 추정 부정확	회기기간 중 보정 작업 과다발생	7	주먹구구식 추정	...	...	
...	...	...	...	...	...	...	...	
33	자료 분석	각 사업부별 전망수준의 차이	원료수급에 악영향	8	전망 추정방법이 제각각으로 이루어짐	...	...	
34	자료 분석	각 사업부별 전망수준의 차이	원료수급에 악영향	8	급하게 작성됨	...	...	
35	자료 분석	각 사업부별 전망수준의 차이	추정 손익 변동	9	전망 추정방법이 제각각으로 이루어짐		...	
36	자료 분석	각 사업부별 전망수준의 차이	추정 손익 변동	9	급하게 작성됨	...	...	
...		...	...	...	...	...	...	

[표 B-35]는 예로 들은 경영지원팀의 업무를 사건 하나씩 요약해서 정리한 표이다. 보통 간접 부문 또는 서비스 부문에 종사하는 사람들은 업무의 형태가 제조 부문과 차이가 있다고 주장한다. 그 배경엔 제조 부문은 관리해야 할 대상과 지표가 명료한 데 반해 간접이나 서비스 부문에선 그렇지 않다는 점인데, 이와 같이 불분명하거나 규정하기 어려운 행간의 사건들을 'P-FMEA'에선 낱낱이 들춰내는 효과가 있다. 물론 각 사건들엔 주요 관리 대상인 'CTQ'에 대한 지적이나, 재무적 성격의 문제점을 드러낸 유형도 포함된다. 즉 함수 관계로 보면 특정 프로세스에 대한 'P-FMEA'의 전개는 모든 가능한 경우들을 포함하게 되므로 가장 포괄적인 접근법이라고 할 수 있다. '잠재 고장 원인'이 완료되면 'OCC(Occurrence)', 즉 '발생도'를 평가한다.

'발생도'는 "사건의 발생 빈도가 얼마나 잦을 것인가?"라는 자문을 통해 '1~10점' 사이 값을 기입한다. 매우 잦을 것 같으면 '10점'을, 거의 발생 가능성이 희박하면 '1점'이다. 다음은 점수를 부여할 때 참조할 가이드라인이다.

[표 B-36] '발생도' 등급 작성 지침 예

판단 기준	Cpk	등급
다발: 문제가 거의 확실히 다발로 발생하는 수준	-	9~10
자주 발생: 문제가 자주 발생하는 수준	-	7~8
보통 발생: 문제가 잦진 않지만 어느 정도 발생하는 수준	1.00 미만	4~6
조금 발생: 문제가 간혹 발생하는 수준	1.00 이상	3
희박하게 발생: 문제가 거의 발생하지 않는 수준	1.33 이상	2
극히 희박하게 발생: 문제 발생을 무시해도 좋은 수준	1.67 이상	1

[표 B-36]에서 'Cpk'는 프로세스가 '평균'과 '표준 편차'로 관리되는 연속형 특성을 고려한 것인데 참조 사항으로 삽입하였으니 반드시 평가에 반영할 필요는 없다. '[표 B-32] 심각도 등급 작성 지침 예'에서도 언급했지만 이와

같은 기준은 출처마다 차이가 있으며 정해진 값은 없다. 속한 산업이나 부문에 따라 적합한 방법을 만들어 적용하는 것이 가장 좋은 접근법이다. '10점' 기준은 주로 미국의 메이저 자동차 3사인 크라이슬러, 포드, GM의 것을 참고해 일반화돼 있지만 회사에 따라선 '5점' 만점을 설정한 경우도 있다. 그렇다고 회사마다 모두 기준을 만들기 위해 노력할 필요도 물론 없다. 앞서 제시된 수준의 기준이면 충분한데 그 이유는 정확한 값을 만드는 게 목적이 아니라 상대적 위험도가 높은 문제점을 적출하는 데 초점이 맞춰져 있기 때문이다. 다음은 [표 B-36]을 참고해서 [표 B-35]의 '발생도(OCC)'를 평가한 예이다.

[표 B-37] '잠재 문제' 적출 예('발생도(OCC)' 입력)

No	Process Function (Step)	Potential Failure Modes	Potential Failure Effects(Y's)	S E V	Potential Causes of Failures(X's)	O C C	...	R P N
1	자료 분석	관리부서 일반관리비 추정 부정확	추정 손익 변동	9	수집 정보 활용 미숙	2	...	
2	자료 분석	관리부서 일반관리비 추정 부정확	추정 손익 변동	9	주먹구구식 추정	9	...	
3	자료 분석	관리부서 일반관리비 추정 부정확	회기기간 중 보정 작업 과다발생	7	수집 정보 활용 미숙	3	...	
4	자료 분석	관리부서 일반관리비 추정 부정확	회기기간 중 보정 작업 과다발생	7	주먹구구식 추정	3	...	
...	...	...	...	...	...		...	
33	자료 분석	각 사업부별 전망수준의 차이	원료수급에 악영향	8	전망 추정 방법이 제 각각으로 이루어짐	4	...	
34	자료 분석	각 사업부별 전망수준의 차이	원료수급에 악영향	8	급하게 작성됨	7	...	
35	자료 분석	각 사업부별 전망수준의 차이	추정 손익 변동	9	전망 추정 방법이 제 각각으로 이루어짐	5	...	
36	자료 분석	각 사업부별 전망수준의 차이	추정 손익 변동	9	급하게 작성됨	2	...	
...	...	...	...	...	...		...	

[표 B-37]에서 동일한 '잠재 고장 원인'들에 대해 '발생도'가 서로 다른데, 그 이유는 "주먹구구식 추정(잠재 고장 원인)으로 관리부서의 일반 관리비 추정이 부정확(잠재 고장 모드)해서 추정 손익 변동(잠재 고장 영향)이 발생"하는 사건과, "주먹구구식 추정(잠재 고장 원인)으로 관리부서의 일반 관리비 추정이 부정확(잠재 고장 모드)해서 회기 기간 중 보정 작업이 과다 발생(잠재 고장 영향)"하는 사건은 서로 큰 차이가 있다. '원인'은 같지만 나타난 '결과'가 다르므로 전혀 별개의 사건으로 간주된다. 따라서 서로 다른 사건 간 발생의 빈도도 다를 것이므로 '발생도(OCC)' 역시 반드시 동일할 필요는 없다.

분석적 관점에서 지금까지의 평가로도 프로세스의 문제점이나 개선점들을 일부 엿볼 수 있는데, 예를 들어 'No. 2'와 'No. 4'를 보면 "주먹구구식 추정"으로 최종 "추정 손익 변동"의 발생 빈도가 매우 높은 상태(발생도 '9점')임에도 '회기 기간 중 보정 작업은 별로 이루어지지 않을 것'이라 평가(발생도 '3점')하고 있다. '한번 정해지면 회기 끝까지 간다는 기존의 업무 행태를 그대로 반영한 결과'이다. 만일 회기기간 중 보정이 이루어지면 어떻게 될 것인지 생각해보자. 보정 자체는 과제들의 추가 발굴이나 기존 과제의 조정 등에 해당하고 이를 통해 목표한 손익을 추가 달성하는 결과로 이어질 수 있다. 결국 활동은 훨씬 더 능동적인 과제 관리 형태로 전개된다. 이런 접근을 '능동적 과제 수행'이라고 하며, 주로 'Audit' 절차를 통해 실현된다. 관련 내용은 '능동적 과제 수행' 장에서 일부 다루고 여기선 이 정도 설명에서 정리하겠다.

'[그림 B-16] Process FMEA 양식 예'를 보면 다음의 할 일은 'Present Process Control', 즉 '현 프로세스 관리'를 평가한다. 각 사건들이 일어날 위험은 '발생도'에 따라서도 결정되지만 현재 프로세스를 관리하는 수준에 따라 "실제 발생했을 때 얼마나 빨리 인지할 수 있는가?"를 통해서도 결정된다. 가장 좋은 방법은 모든 사건들에 프로세스 관리 방침이 미리 정해져 있어 문제 발생 순간 바로 파악해내는 능력을 보유하는 일이다. 그러나 현실에선 주기적 점검을 통해 이상 징후를 미연에 감지하는 방법부터 발생 후 알아내는 방법, 또는 전혀 관리가 이루어지지 않는 상황 등 다양한 유형이 존재한다. 예를 들어 간헐적 점검이 있거나, 관리 체계가 없는 사건은 발생 빈도가 낮더라도 일단 한번 발생하면 검출이 늦어져 대형 사고로 이어질 수밖에 없다. '현 프로세스 관리'를 평가해야 할 중요한 이유가 여기에 있다. 다음 [표 B - 38]은 작성 예이다.

[표 B - 38] '잠재 문제' 적출 예('현 프로세스 관리' 입력)

No	….	Potential Failure Modes	Potential Failure Effects(Y's)	S E V	Potential Causes of Failures(X's)	O C C	Present Process Control	D E T	R P N
1	…	관리부서 일반관리비 추정 부정확	추정 손익 변동	9	수집정보 활용 미숙	2	수집자료 Check Sheet 관리		
2	…	관리부서 일반관리비 추정 부정확	추정 손익 변동	9	주먹구구식 추정	9	표준방법 없음		
3	…	관리부서 일반관리비 추정 부정확	회기기간 중 보정 작업 과다발생	7	수집정보 활용 미숙	3	수집자료 Check Sheet 관리		
4	…	관리부서 일반관리비 추정 부정확	회기기간 중 보정 작업 과다발생	7	주먹구구식 추정	3	표준방법 없음		
…	…	…	…	…	…	…	…	…	…
33	…	각 사업부별 전망수준의 차이	원료수급에 악영향	8	전망 추정방법이 제각각으로 이루어짐	4	표준방법 없음		
34	…	각 사업부별 전망수준의 차이	원료수급에 악영향	8	급하게 작성됨	7	현 주어진 작성 기간 1주 수준임		
35	…	각 사업부별 전망수준의 차이	추정 손익 변동	9	전망 추정방법이 제각각으로 이루어짐	5	표준방법 없음		
36	…	각 사업부별 전망수준의 차이	추정 손익 변동	9	급하게 작성됨	2	현 주어진 작성 기간 1주 수준임		
…	…	…	…	…	…	…	…	…	…

[표 B-38]의 'No. 1'에서 '잠재 고장 원인'인 '수집 정보 활용 미숙'의 경우, 전망에 필요한 자료 및 정보가 매년 주기적으로 수집돼왔기 때문에 이미 목록이 체크시트로 마련돼 있음을 알 수 있다(고 가정한다). 반대로 'No. 2'의 '잠재 고장 원인'인 '주먹구구식 추정'은 사업부별로 차년도 관리 비용을 추정할 때 각자의 방식으로 이루어져왔고, 또 앞으로도 특별한 계기가 없는 한 동일하게 처리될 것이라 예상됨에 따라 현재로선 별다른 방식의 없음, 즉 '표준 방법 없음'으로 표현하였다(고 가정한다). 관리 방법이 없는 사건의 경우 실제 발생 시 검출 능력은 현저히 떨어질 수밖에 없는데, 이런 수준을 점수화한 지표가 [표 B-38]의 'DET', 즉 '검출도'이다. 다음은 '검출도(Detection)' 평가 기준과 평가 예이다.

[표 B-39] '검출도' 등급 작성 지침 예

판단 기준	등급
문제 검출 방법이 전혀 없음	10
문제 검출 가능성 10% 미만	9
문제 검출 가능성 10~49%	7~8
문제 검출 가능성 50~79%	5~6
문제 검출 가능성 80~94%	3~4
문제 검출 가능성 95% 이상	1~2

[표 B-40] 내 'No. 33'의 사건을 예로 해석하면, "전망 추정 방법이 제각각으로 이루어짐(잠재 고장 원인)에 따라 각 사업부별 전망 수준의 차이(잠재 고장 모드)가 발생하며, 결국 원료 수급에 악영향(잠재 고장 영향)이 미침"에서 결국 우리는 '원료 수급에 악영향이 나타나는 것'을 눈으로 보게 된다. 이 때 이 악영향이 각 사업부별 전망 방법의 차이로 실제 야기됐음에도 이를 거

No	....	Potential Failure Modes	Potential Failure Effects(Ys)	S E V	Potential Causes of Failures(X's)	O C C	Present Process Control	D E T	R P N
1	...	관리부서 일반관리비 추정 부정확	추정 손익 변동	9	수집정보 활용 미숙	2	수집자료 Check Sheet 관리	3	
2	...	관리부서 일반관리비 추정 부정확	추정 손익 변동	9	주먹구구식 추정	9	표준방법 없음	7	
3	...	관리부서 일반관리비 추정 부정확	회기기간 중 보정작업 과다발생	7	수집정보 활용 미숙	3	수집자료 Check Sheet 관리	3	
4	...	관리부서 일반관리비 추정 부정확	회기기간 중 보정작업 과다발생	7	주먹구구식 추정	3	표준방법 없음	7	
...	...	...	...	...	...	...	...	...	...
33	...	각 사업부별 전망수준의 차이	원료수급에 악영향	8	전망 추정방법이 제 각각으로 이루어짐	4	표준방법 없음	9	
34	...	각 사업부별 전망수준의 차이	원료수급에 악영향	8	급하게 작성됨	7	현 주어진 작성기간 1주 수준임	6	
35	...	각 사업부별 전망수준의 차이	추정 손익 변동	9	전망 추정방법이 제 각각으로 이루어짐	5	표준방법 없음	8	
36	...	각 사업부별 전망수준의 차이	추정 손익 변동	9	급하게 작성됨	2	현 주어진 작성기간 1주 수준임	5	
...	...	...	...	...	...	...	...	...	...

의 인지하지 못함을 보여준다(검출도 '9점'). 이제 기본 정보들이 마련됐으므로 우선순위 과정으로 들어가 보자.

사건들을 위험도가 높은 순으로 정렬하기 위한 방법은 두 가지다. 하나는 'RPN(Risk Priority Number)'을 이용한 경우와, 다른 하나는 'SEV/OCC/DET 종합 평가'를 이용하는 경우이다. 둘을 조합할 수도 있다.

'RPN'을 이용한 방법은 다음의 수식을 통해 각 사건의 종합 점수를 얻는다.

$$RPN = 심각도(SEV) \times 발생도(OCC) \times 검출도(DET) \qquad (B.4)$$

세 평가 점수를 곱한 값은 최대 '1,000점(=10×10×10)'부터 최소 '1점 (=1×1×1)'까지 분포한다. 따라서 'RPN'을 평가한 후 '1,000'에 근접한 점수의 사건을 두드러진 문제점으로 선별할 수 있다. 그러나 실상은 '1,000'보다 작은 값들이 대부분이므로 어느 점수까지 선별하고 또 어느 점수까지 선별하지 않을 것인지 판단이 모호하다. 따라서 선별하는 방법에 대한 약간의 노하우가 필요하다. 선별 작업을 하기 전에 우선 [표 B−40]의 열 'RPN'을 식 (B.4)를 이용해 채워보자.

[표 B−41] '잠재 문제' 적출 예('RPN' 입력)

No	…	Potential Failure Modes	Potential Failure Effects(Y's)	S E V	Potential Causes of Failures(X's)	O C C	Present Process Control	D E T	R P N
1	…	관리부서 일반관리비 추정 부정확	추정 손익 변동	9	수집정보 활용 미숙	2	수집자료 Check Sheet 관리	3	54
2	…	관리부서 일반관리비 추정 부정확	추정 손익 변동	9	주먹구구식 추정	9	표준방법 없음	7	567
3	…	관리부서 일반관리비 추정 부정확	회기기간 중 보정 작업 과다발생	7	수집정보 활용 미숙	3	수집자료 Check Sheet 관리	3	63
4	…	관리부서 일반관리비 추정 부정확	회기기간 중 보정 작업 과다발생	7	주먹구구식 추정	3	표준방법 없음	7	147
…	…	…	…	…	…	…	…	…	…
33	…	각 사업부별 전망 수준의 차이	원료수급에 악영향	8	전망 추정방법이 제각각으로 이루어짐	4	표준방법 없음	9	288
34	…	각 사업부별 전망 수준의 차이	원료수급에 악영향	8	급하게 작성됨	7	현 주어진 작성기간 1주 수준임	6	336
35	…	각 사업부별 전망 수준의 차이	추정 손익 변동	9	전망 추정방법이 제각각으로 이루어짐	5	표준방법 없음	8	360
36	…	각 사업부별 전망 수준의 차이	추정 손익 변동	9	급하게 작성됨	2	현 주어진 작성기간 1주 수준임	5	90
…	…	…	…	…	…	…	…	…	…

중간에 사건들이 생략돼 있어 정렬(Sorting)은 하지 않겠으나, [표 B−40]에 있는 사건들로만 순위를 매기면 다음과 같다.

$$No.\ 2(567)>No.\ 35(360)>No.\ 34(336)>No.\ 33(288)>No.\ 4(147)...$$ (B.5)

식 (B.5)에서 어느 사건까지를 취할지는 만일 본인의 프로세스에 대한 신뢰
도가 '95% 수준'이면(즉 95점 정도로 잘 돌아가고 있다고 판단되면),

$$불신뢰도=1,000×(1\ -0.95)=50\ 점$$ (B.6)

이다. 해당 프로세스의 운영 수준을 '95점'으로 본다면 'RPN'은 대부분 그
정도 수준에 맞게 작은 값으로 나올 것이므로 '50점' 이상을 위험도가 높은
사건으로 선별한다. 이 기준을 적용하면 [표 B-41]의 모든 사건들이 개선 대
상으로 선정돼야 한다(모두 50점이 넘으므로). 그러나 만일 해당 프로세스의
운영 수준을 '95'로 보는 입장에서 'RPN'이 '360~567점' 등으로 매우 높게

[그림 B-20] 'RPN'으로 정렬한 예

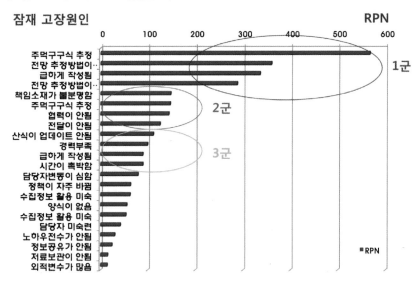

나왔다는 것은 현 프로세스 운영 수준을 너무 낙관적으로 보고 있음을 의미한다. 이때는 신뢰도를 '95'보다 훨씬 더 낮춘 뒤, 식 (B.6)의 '불신뢰도'를 재평가한다. 이 외에 '파레토 법칙'을 적용할 수도 있다. 다음은 적용례이다.

[그림 B-20]처럼 사건들을 정렬한 후 '파레토 차트(엑셀 막대그래프)'를 그리면 점수가 뚝 떨어지는 지점이 있는데 그 값 이상은 '1군'으로 필수 선택을, 그 외의 '2군'과 '3군'은 팀원들과 개개별로 평가하면서 선정 여부를 결정한다.

'SEV/OCC/DET 종합 평가'는 'RPN'을 통한 접근이 '발생도'가 '7~10점' 등으로 높음에도 '검출도'가 '2~5점' 등으로 낮으면 그들의 곱인 'RPN'이 낮아져 우선순위 대상에서 배제되는 문제점을 보강할 수 있는 방법이다. 다음은 문제점이 높은 사건을 판단하는 가이드라인이다.

[표 B-42] '조치 기준' 예

No	SEV	OCC	DET	결과	조치
1	1	1	1	최고의 상태	없음
2	1	1	10	문제가 발생하지 않음	없음
3	10	1	1	문제가 고객에게 전달되지 않음	없음
4	10	1	10	프로세스 문제점 개선 필요	프로세스 개선
5	1	10	1	문제의 잦은 발생으로 비용 유발	프로세스 재설계
6	1	10	10	문제의 잦은 발생 및 고객에게 전달	프로세스 재설계/개선
7	10	10	1	문제의 잦은 발생 및 큰 영향	프로세스 재설계
8	10	10	10	매우 심각한 문제	중단

'발생도(OCC)'가 높다는 것은 프로세스 자체에 결점이 있다고 판단하며 주로 '설계'를 통해 보정하고, '검출도(DET)'가 높으면 프로세스 내 관리의 문제로 보고 프로세스 '개선' 쪽으로 방향을 잡는다. [표 B-42]의 'SEV, OCC, DET'가 모두 '10점'과 '1점'으로 예시하고 있지만 전자는 '8~10점'을, 후자

는 '1~3점'의 점수대를 고려해서 판단한다. 이 가이드라인을 따라 [표 B-41]의 사건을 선별하면 다음과 같다.

[표 B-43] '잠재 문제' 적출 예('SEV/OCC/DET 종합 평가' 입력)

No	….	Potential Failure Modes	Potential Failure Effects(Y's)	S E V	Potential Causes of Failures(X's)	O C C	Present Process Control	D E T	분류
1	…	관리부서 일반관리비 추정 부정확	추정 손익 변동	9	수집정보 활용 미숙	2	수집자료 Check Sheet 관리	3	3번
2	…	관리부서 일반관리비 추정 부정확	추정 손익 변동	9	주먹구구식 추정	9	표준방법 없음	7	10번
3	…	관리부서 일반관리비 추정 부정확	회기기간 중 보정 작업 과다발생	7	수집정보 활용 미숙	3	수집자료 Check Sheet 관리	3	3번
4	…	관리부서 일반관리비 추정 부정확	회기기간 중 보정 작업 과다발생	7	주먹구구식 추정	3	표준방법 없음	7	4번
…	…	…	…	…	…	…	…	…	…
33	…	각 사업부별 전망 수준의 차이	원료수급에 악영향	8	전망 추정방법이 제 각각으로 이루어짐	4	표준방법 없음	9	4번
34	…	각 사업부별 전망 수준의 차이	원료수급에 악영향	8	급하게 작성됨	7	현 주어진 작성 기간 1주 수준임	6	8번
35	…	각 사업부별 전망 수준의 차이	추정 손익 변동	9	전망 추정방법이 제 각각으로 이루어짐	5	표준방법 없음	8	4번
36	…	각 사업부별 전망 수준의 차이	추정 손익 변동	9	급하게 작성됨	2	현 주어진 작성 기간 1주 수준임	5	3번
…	…	…	…	…	…	…	…	…	…

[표 B-43]의 맨 끝 열인 '분류'에는 [표 B-42]의 가이드라인에 포함되는 번호를 입력하였다. 예를 들어 [표 B-43]의 'No. 1'의 사건은 '3번'으로 분류하고 있으므로 [표 B-42]의 3번째 조합인 'SEV=10, OCC=1, DET=1'의 구조를 갖춘다고 판단한 것이다.

'RPN'을 이용한 방법이든 'SEV/OCC/DET 종합 평가'를 이용한 방법이든 또는 둘을 조합한 방법이든 처한 상황에 따라 판단해서 사용한다. 그러나 무엇보다 프로세스의 큰 문제점들을 누락 없이 잘 선별해내는 일이 가장 중요한 점임을 명심하자.

프로세스의 가장 시급하고 고질적인 문제점들을 선별했으면 다음은 [그림 B-16]의 'Process FMEA 양식 예'의 열 'Recommended Actions'을 팀원들과 함께 기입한다. 'Recommended Actions'은 우리말로 '권장할 만한 조치'쯤 된다. '문제 해결 방법론' 중 「프로세스 개선 방법론」의 Analyze Phase에 대응시키면 '개선 방향'과 정확히 일치한다. [표 B-41]의 'RPN' 평가 중 '200 점' 이상을 'Recommended Actions' 대상으로 봤을 때 입력 예는 다음과 같다.

[표 B-44] '잠재 문제' 적출 예('Recommended Actions' 입력)

No	….	Potential Failure Modes	Potential Failure Effects(Y's)	S E V	Potential Causes of Failures(X's)	O C C	…	R P N	Recommended Actions
1	…	관리부서 일반관리비 추정 부정확	추정 손익 변동	9	수집정보 활용 미숙	2	…	54	–
2	…	관리부서 일반관리비 추정 부정확	추정 손익 변동	9	주먹구구식 추정	9	…	567	일반관리비 추정방법 표준화
3	…	관리부서 일반관리비 추정 부정확	회기기간 중 보정 작업 과다발생	7	수집정보 활용 미숙	3	…	63	–
4	…	관리부서 일반관리비 추정 부정확	회기기간 중 보정 작업 과다발생	7	주먹구구식 추정	3	…	147	–
…	…	…	…	…	…	…	…	…	–
33	…	각 사업부별 전망 수준의 차이	원료수급에 악영향	8	전망 추정방법이 제각각으로 이루어짐	4	…	288	전망방법 가이드라인 마련
34	…	각 사업부별 전망 수준의 차이	원료수급에 악영향	8	급하게 작성됨	7	…	336	적정시간 협의 후 결정
35	…	각 사업부별 전망 수준의 차이	추정 손익 변동	9	전망 추정방법이 제각각으로 이루어짐	5	…	360	'No. 33'에 통합
36	…	각 사업부별 전망 수준의 차이	추정 손익 변동	9	급하게 작성됨	2	…	90	–
…	…	…	…	…	…	…	…	…	…

'No. 2'와 같이 '각 사업부의 일반 관리비 추정 방법 표준화' 조치는 사업부별로 1회성 개선에 그치거나 개선되더라도 지속적으로 유지될 수 있는지에

의문이 갈 수밖에 없다. 쉽게 생각하면 쉽지만 만일 '즉 실천'으로 추진하기보다 장기적 안목에서 표준적인 방법을 마련하면 그에 아이디어가 계속 덧붙으며 회사 고유의 노하우가 생길 여지도 충분히 있다. 이런 관점이면 고질 문제 해결에 적합한 「프로세스 개선 방법론」으로 추진해볼 만도 하다. 'No. 33' 역시 유사하게 생각해볼 수 있는 상황이다.

지금까지 'P-FMEA'의 탄생 배경, 양식의 구조, 활용(또는 작성법)에 대해 자세히 알아보았다. 특히 활용법(또는 작성법) 소개에서 프로세스에 잠재된 과제가 어떻게 발굴되는지 간단한 사례로 알아보았고, 왜 그 과제가 '잠재된(Potential)'이란 용어로 대변되는지도 확실하게 학습하였다. 이제부터 프로세스 내 잠재된 과제를 '비재무 과제'로 정의하고, 앞서 발굴된 '재무 과제'와 어떻게 병합해야 하는지에 대해 알아보자. 내용에 들어가기 전 [그림 B-6]의 '재무제표 접근법 흐름도' 맨 밑의 「P-FMEA 접근법」에 대한 '상세 흐름도'부터 작성하고 시작할 것이다.

2.4. 「P-FMEA 접근법」의 흐름도

한참 앞으로 돌아가 [그림 B-6]에서 보였던 '재무제표 접근법 흐름도'를 상기해보자. 당시 「재무제표 접근법」 수행을 위해 단계별로 번호를 붙여 하나씩 설명한 바 있다. 또 흐름도 맨 끝에 「P-FMEA 접근법」이 바로 연결될 것임을 알리는 표식을 해두었는데, 다음 [그림 B-21]이 '과제 선정을 위한 전체 흐름도'의 완성된 모습이다.

[그림 B-21] '과제 선정'을 위한 전체 흐름도

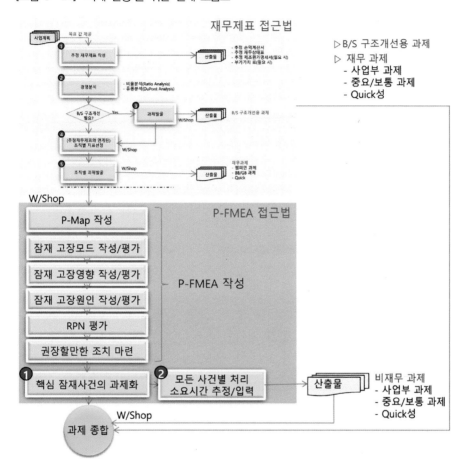

[그림 B-21] 중 「재무제표 접근법」은 이미 설명했으므로 그림을 작게 축소해 표현하였다. 또 그 아래 'P-FMEA'의 단계별 작성법 역시 직전 단원에서 설명했으므로 '① 핵심 잠재 사건의 과제화' 및 '② 모든 사건별 처리 소요 시간 추정/입력'에 대해서만 보충하기 위해 '원 번호'를 붙였다. 참고로

[그림 B-21]의 맨 아래에 있는 '과제 종합'은 「재무제표 접근법」을 통해 발굴된 'B/S 구조 개선용 과제'와 '재무 과제' 그리고 「P-FMEA 접근법」을 통해 발굴된 '비재무 과제' 모두를 종합하는 단계이다. 즉 두 출처로부터 나온 과제가 하나로 통합돼야 의미 있는 '과제 발굴'이 완료되는데 이에 대해선 '3. 발굴된 과제 종합'에서 설명이 있을 것이다.

「P-FMEA 접근법」의 모든 활동은 워크숍을 통해 이루어지며, 'P-FMEA' 작성 전에는 항상 참석자들에게 FMEA 작성 취지와 활용 방안을 공지한다. 특히 모든 사람들이 FMEA 용법을 숙지하지 못할 경우 워크숍을 운영하는 퍼실리테이터의 역할이 매우 중요하므로 이에 대한 점검도 사전에 철저히 해둘 필요가 있다. 이제부터 '비재무 과제 발굴' 과정에 대해 알아보자.

2.5. '비재무 과제' 발굴 단계별 설명

「P-FMEA 접근법」인 [그림 B-21]의 흐름도에 맞춰 '비재무 과제' 발굴 과정을 단계별로 알아보자. 참고로, 'P-FMEA 작성'은 이미 설명했으므로 그 결과를 이용해 '① 핵심 잠재 사건의 과제화' 및 '② 과제 종합'을 이루는 방법에 대해서만 알아볼 것이다.

① 핵심 잠재 사건의 과제화
다음은 'P-FMEA' 작성 결과인 [표 B-44]를 옮겨놓은 것이다.

[표 B-45] '핵심 잠재 사건' 발굴 예

No	….	Potential Failure Modes	Potential Failure Effects(Y's)	S E V	Potential Causes of Failures(X's)	O C C	…	R P N	Recommended Actions
1	…	관리부서 일반관리비 추정 부정확	추정 손익 변동	9	수집정보 활용 미숙	2	…	54	–
2	…	관리부서 일반관리비 추정 부정확	추정 손익 변동	9	주먹구구식 추정	9	…	567	일반관리비 추정방법 표준화
3	…	관리부서 일반관리비 추정 부정확	회기기간 중 보정 작업 과다발생	7	수집정보 활용 미숙	3	…	63	–
4	…	관리부서 일반관리비 추정 부정확	회기기간 중 보정 작업 과다발생	7	주먹구구식 추정	3	…	147	–
…	…	…		…	…	…	…	…	–
33	…	각 사업부별 전망수준의 차이	원료수급에 악영향	8	전망 추정방법이 제각각으로 이루어짐	4	…	288	전망방법 가이드라인 마련
34	…	각 사업부별 전망수준의 차이	원료수급에 악영향	8	급하게 작성됨	7	…	336	적정시간 협의 후 결정
35	…	각 사업부별 전망수준의 차이	추정 손익 변동	9	전망 추정방법이 제각각으로 이루어짐	5	…	360	'No. 33'에 통합
36	…	각 사업부별 전망수준의 차이	추정 손익 변동	9	급하게 작성됨	2	…	90	–
…	…	…		…	…	…	…	…	

실제 현업에서 '비재무 과제'를 발굴하면 [표 B-45]에 포함된 사건들의 수는 훨씬 더 많아야 한다. 그러나 본문은 방법에 대해 설명하고 있으므로 최소한의 양만 담고 있다. 이에 대해 별다른 오해가 없길 바란다. 우선 [표 B-45] 중 'No. 2', 'No. 33', 'No. 34'가 '핵심 잠재 사건'에 해당하며, 워크숍에서 이들 사건들을 중심으로 토의가 진행된다. 예를 들어, '과제명', '목표', '주요 활동' 등을 결정하는 일인데 이 과정을 통해 [표 B-45]의 'Recommended Actions' 내 입력 내용이 명확해진다. 다음은 'Recommended Actions' 내용들이 과제화로 명확해진 예를 보여준다.

[표 B-46] '핵심 잠재 사건의 과제화' 예

No	Recommended Actions	과제명
1	일반 관리비 추정 방법 표준화	부문별 일반 관리비 추정 방법 표준화를 통한 업무 효율(산정 소요시간) 30% 향상
...	...	...
12	전망 방법 가이드라인 마련	전망 방법 개발을 통한 부문별 전망 정확도 40% 향상
13	적정 시간 협의 후 결정	즉 실천
...	...	양식 간소화 및 통합화
...	...	...

　[표 B-46]에서 'No. 1'은 "부문별로 차년도 일반 관리비를 추정할 때, 서로 다른 방법으로 제각각 이루어져 최종 손익 추정에 큰 변동을 야기하는 문제"를 지적한 것으로, 팀원들의 협의 결과 "각 부문의 추정 방법을 일원화하면 종합된 손익 추정치가 일관되게 나올 것이며(정확하지는 않더라도), 손익 추정에 미치는 변동 요인도 쉽게 파악할 수 있다는 의견"을 반영한 것이다(라고 가정한다). 이것은 기존의 추정치가 일관되게 나오도록 경영지원팀의 많은 인력이 장시간 재투입돼 보정해오던 것을 과제 개선으로 약 30% 이상 줄인다는 목표를 설정한 것이다(라고 가정한다). 또 'No. 12'는 "각 제품(서비스)별 차년도 매출추정 방법이 서로 달라 자료의 통합이 어렵고, 또 산정하는 과정에 사업부별 이견도 많아 완료 시점이 연기되는 등 부조리가 자주 발생하였다. 특히 이것은 아이템별 전망 정확도를 떨어뜨리는 요인으로 작용한다(고 가정한다)." 따라서 팀원들의 협의를 거쳐 "제품 특성에 맞는 매출 전망 방법을 개발해서 산정에 따른 업무 효율도 키우고 궁극적으로 전망 정확도도 높이는 접근을 시도하였다(고 가정한다)." 끝으로 'No. 13'은 "각 사업부에서 손익 추정에 필요한 자료를 경영지원팀에서 급하게 요구함에 따라 즉각 대응에 어려움을 호소한 내용"이며, 팀원들의 협의 결과 "각 사업부와 경영지원팀이 적정 기간을 협의해서 결정"하는 것으로 하였다(고 가정한다). 이

것은 '즉 실천'으로 이루어짐을 의미한다.

과제를 발굴하는 과정 중에 측정 자료들, 예를 들면 [표 B-46]의 'No. 1' 과제에서 만일 '산정 소요 시간' 자료가 있다면, 현재 상황을 파악하거나 목표를 설정하는 데 매우 유용하게 활용될 수 있다. 그러나 '산정 소요 시간'이 경험상 어느 정도 걸리리란 예상만 가능할 뿐 실제 자료를 당장 준비하는 일은 현실적으로 어려울 수 있다. 설사 이런 상황이 닥치더라도 굳이 발굴 과정에서 모든 데이터나 자료가 필요한 것은 아니다. 오랜 업무 경력을 갖고 있는 담당자들이 고질적으로 판단하면 실제 개선의 필요성은 타당하기 때문이다. 먼저 공감대가 형성된 문제를 과제화한 후, 발굴된 과제들을 중심으로 집중적인 추가 조사를 통해 최종 확정짓는 길도 항상 열어둔다.

'P-FMEA'의 '잠재 고장 원인 → 잠재 고장 모드 → 잠재 고장 영향'의 흐름 중 중요도가 높은 사건들을 선별하면 '핵심 잠재 사건'이 되고, 다시 팀원들 간 워크숍을 통해 '핵심 잠재 사건'을 '비재무 과제'로 구체화한다. 지금까지의 과정과 명칭을 종합하면 다음과 같다.

[그림 B-22] 단계별 용어 설명 개요도

② 모든 사건별 처리 소요 시간 추정/입력

「P-FMEA 접근법」을 통해 '비재무 과제'가 발굴되면 이어 각 사건들을 처리하는 데 소요되는 시간을 추정한다. 앞서 전개된 [표 B-45]의 결과를 예로 들면 다음 [표 B-47]과 같다.

[표 B-47] 각 사건별 처리 소요 시간 추정 예

No	….	Potential Failure Modes	Potential Failure Effects(Y's)	S E V	Potential Causes of Failures(X's)	O C C	…	R P N	Recommended Actions	추정 소요 시간 (hr)
1	…	관리부서 일반 관리비 추정 부정확	추정 손익 변동	9	수집정보 활용 미숙	2	…	54	-	20
2	…	관리부서 일반 관리비 추정 부정확	추정 손익 변동	9	주먹구구식 추정	9	…	567	일반관리비 추정방법 표준화	1,440
3	…	관리부서 일반 관리비 추정 부정확	회기기간 중 보정 작업 과다발생	7	수집정보 활용 미숙	3	…	63	-	12
4	…	관리부서 일반 관리비 추정 부정확	회기기간 중 보정 작업 과다발생	7	주먹구구식 추정	3	…	147	'No. 2'에 통합	0.5
…	…	…	…	…	…	…	…	…	-	…
33	…	각 사업부별 전망수준의 차이	원료수급에 악영향	8	전망 추정방법이 제각각으로 이루어짐	4	…	288	전망방법 가이드라인 마련	480
34	…	각 사업부별 전망수준의 차이	원료수급에 악영향	8	급하게 작성됨	7	…	336	적정시간 협의 후 결정	240
35	…	각 사업부별 전망수준의 차이	추정 손익 변동	9	전망 추정방법이 제각각으로 이루어짐	5	…	360	'No. 33'에 통합	0.5
36	…	각 사업부별 전망수준의 차이	추정 손익 변동	9	급하게 작성됨	2	…	90	-	18
…	…	…	…	…	…	…	…	…		…

　　[표 B-47]의 맨 끝에 '추정 소요 시간' 열을 삽입한 뒤 각 사건별로 처리하는 데 소요되는 추정 시간들을 입력하였다. 예를 들어 첫 열에 기입된 사건 "수집 정보 활용 미숙(잠재 고장 원인)으로 관리 부서 일반 관리비 추정이 부정확(잠재 고장 모드)해져 추정 손익에 변동이 발생(잠재 고장 영향)"하는 사건에 대해 이미 수집된 정보를 어떻게 활용할 것인지 사전 팀원들과 논하고 그 결과를 정리해 공유하는 차원에서 '20시간(=협의 기간(2hr)+협의 내용 정리(16hr)+공유 시간(2hr))'을 입력하였다(고 가정한다). 두 번째 행의 사건은 과제로 수행될 예정에 있으므로 '1,440시간(=3개월×60일×8시간)'을 입력하였다(고 가정한다).28) 그 외에 다른 사건에 통합돼 수행된다든가 내용적

으로 중복되는 경우 직접적 수행이 아닌 '통합' 또는 '중복'임을 판단하는 데 소요되는 시간인 '0.5시간'을 입력한다(고 가정한다).

'추정 소요 시간'의 용도는 각 문제들 처리에 들어갈 '비용'을 산정하기 위함이다. 즉 모든 활동을 '돈의 단위'로 환산하자는 애초 설정을 따르기 위한 절차이며, 통상 기업에선 '단위 시간당 평균 임금'을 관리하고 있으므로 그 값을 적용한다.[29] 물론 '처리 소요 시간'을 산정하는 데 주관이 개입될 여지는 충분히 있다. 그러나 '진정성'이란 근본적 취지를 유지한다면 과제를 선정하고 관리하는 데 있어 매우 큰 긍정적 효과를 누릴 수 있다. 이제 발굴된 과제들을 모두 종합해보자.

3. 발굴된 과제 종합

[그림 B-21]의 맨 아래를 보면 알 수 있듯이 「재무제표 접근법」과 「P-FMEA 접근법」을 통해 발굴된 '재무 과제'와 '비재무 과제'를 종합한다. 모두 모아놓고 최종 검토를 해봐야 과제 발굴의 적절성을 확인할 수 있으므로 꼭 필요한 절차이다. 이 시점에 전체 흐름을 다시 요약하면 회사 내 특정 부서에서 재무제표로부터 구성된 지표들 중 '사업 계획'을 달성할 관련 지표들을 선정해 그를 향상시킬 '재무 과제'를 발굴했으며, 이어 부서의 업무를 설명할 '프로세스 맵'을 작성한 뒤 이를 입력으로 'P-FMEA'를 통해 '비재무 과제'를 도출하였다. 따라서 과제들이 차년도 당 부서의 목표를 달성함과 동시에 회사의 연간 예상 실적을 충분히 만족시키는지 최종 검토돼야 한다.

---

28) 1달을 20작업일로 적용.
29) "Calculating COPQ Using Weighted Risk of Potential Failures, by Pankaj. Sharma, iSixSigma.com" 참조.

또 이 과정 중에 매우 중요한 효과도 나타나는데, 미리 발굴된 '재무 과제'를 보완하는 '비재무 과제'가 나올 수 있으며, 해당 '재무 과제'와 함께 엮어 '사업부 과제' 또는 연계 과제로 통합함으로써 성과의 시너지를 낼 수도 있다. 예를 들어 [표 B-26]의 하위 과제 목록들 중「중복 업무 통합을 통한 당 부서 일반 관리비 8% 절감」과제와 [표 B-46]의「부문별 일반 관리비 추정 방법 표준화를 통한 업무 효율(산정 소요 시간) 30% 향상」은 재무와 비재무의 구분 이전에 함께 엮어 추진할 경우 분명 상승효과가 예상되므로 사업부장이나 팀장 과제 등으로 묶어 추진한다. 실제 현업에서는 이런 유형들이 매우 자주 등장한다. 다음 [표 B-48]은 [표 B-26]의 '재무 과제'와 [표 B-46]의 '비재무 과제' 및 묶음 과제를 종합한 예이다.

[표 B-48] 과제 종합 예

구분 (출처)	과제명	과제 유형	리더	일정
B/S 구조개선 (재무제표)	비유동자산 축소를 통한 현금성자산 000 증대	사업부	홍기동	~xx.xx
	영업외 수익(비용), 특별이익(손실) 조정을 통한 순이익 000 증대		이만기	~xx.xx
	비유동부채 축소를 통한 자기자본승수 000 달성		최선해	~xx.xx
	...	...		
프로세스 개선 (재무제표)	중복 업무 통합을 통한 당 부서 일반관리비 8% 절감	팀장 과제	조단순	~xx.xx
	부문별 일반관리비 추정방법 표준화를 통한 업무효율(산정 소요 시간) 30% 향상		손시간	~xx.xx
	...	...		
	금리 차별화를 통한 약관대출 비율 10% 향상	프로세스 개선	김청결	~xx.xx
	절차 간소화를 통한 메일 반송비용 8% 절감		송완벽	~xx.xx
	...			
	통신회전 다양화를 통한 통신비 15% 절감	Quick	차순서	~xx.xx
	...	...		
	로얄고객 서비스 차별화를 통한 재계약률 15% 향상	설계	임확신	~xx.xx
	청약서 전산화를 통한 관리비용 10% 절감	Quick	조만화	~xx.xx
	...	...		
	고객 세분화 대응을 통한 계약유지율 5% 향상	프로세스 개선	유리해	~xx.xx
	...	...	...	...

프로세스 개선 (P-FMEA)	전망방법 개발을 통한 부문별 전망 정확도 40% 향상	프로세스 개선	이전망	~xx.xx
	…	…	…	…
	매출/생산량 전망을 위한 적정소요시간 결정	Quick	경영관리	~xx.xx
	양식간소화 및 통합화	Quick	경영관리	~xx.xx
	…	…	…	…

[표 B-48]의 빨간색으로 표시한 두 과제들은 각각 「재무제표 접근법」과 「P-FMEA 접근법」으로부터 발굴되었으나 성격상 함께 묶어 추진할 목적으로 '팀장 과제'화 한 예이다(로 가정한다). 과제가 최종 확정되었으므로 이제 각 과제별로 '과제 기술서'를 재확인 또는 새롭게 작성한 뒤 회사에서 관리 중인 'PMS(Project Management System)'에 등록하거나 별도 데이터베이스에 보관하고 공유한다. 또 빠져서는 안 될 중요 사항이 최종 과제들의 재무적 추정 성과를 명확히 하는 일인데, 이때 '효과 평가 전문가'의 지원을 받아 처리하거나 미리 정해진 절차에 따르도록 한다.

과제가 모두 발굴되면 그에 못지않게 중요한 활동이 '과제 수행'이다. 단순히 정해진 목표를 달성하기 위해 기간 내 예정된 과제를 완료하는 것은 매우 수동적인 접근이다. 왜냐하면 과제 수행 중에도 성과를 극대화할 수 있는 여지는 충분히 있기 때문이다. 이제 어떤 활동들이 과제 수행 중 부가가치를 높일 수 있는지 다음 장에서 자세히 알아보도록 하자.

Ⅳ

능동적 과제 수행

'능동적 과제 수행?' 그럼 기존엔 '수동적 과제 수행'을 했단 말인가? 가히 그렇다고 말할 수 있다. 일단 과제가 선정되면 정해진 대로 목표 달성에 매진한 게 사실이기 때문이다. 우리는 이 단원에서 훨씬 더 적극적인 과제 수행을 통해 기대 목표 이상의 성과를 낼 수 있는 방법에 대해 알아볼 것이다.

능동적 과제 수행 개요

과제 발굴이 완료되면 이어 정해진 일정에 따라 과제가 수행된다. '과제 수행'에 대해서는 「Be the Solver_혁신 운영법」편의 '혁신의 수행'에서 제도적 관점으로 잘 소개하고 있다. 그러나 본 장에선 발상의 전환을 통해 과제 수행을 정해진 목표를 무리 없이 잘 달성시키는 역할 외에 재무성과를 극대화하는 기회의 과정으로 소개하고자 한다. '능동적 과제 수행'의 기본적 이해를 위해 다음과 같은 개요도를 작성해보았다.

[그림 C-1] 능동적 과제 수행 개요도

[그림 C-1]에서 원기둥 내 공간은 과정이 진척돼가면서 점점 채워지고 있음을 알 수 있다. 첫 원기둥인 '과제 선정' 단계에서는 과제 수행 전 마련된 재무적 추정 액이 파란색으로 표시돼 있고, '과제 수행' 단계인 가운데 원기둥엔 연두색이 추가돼 있다. 이것은 수행 중 생겨날 '부가가치'를 표현한 것이다. '부가가치'는 재무성과도 될 수 있지만 비재무성과도 포함된다. 만일 과제 선정 시점에 정해진 목표만을 달성하려면 파란색만큼의 양이 '사후 관리'까지 이어지겠지만 '과제 수행'이나 '사후 관리'에서 소위 '능동적' 접근을 가미하면 초기 설정된 목표보다 훨씬 더 높은 성과를 기대할 수 있다. 예를 들어 과제 수행 중 2008년도와 같은 금융 위기가 전 세계를 강타해 시장이 나

락으로 떨어지는 상황에 직면하거나 수출 기업같이 환율의 급 변동에 따른 영향, 또는 기술한 외부적 영향뿐 아니라 해당 기업의 내적 변동 등으로부터도 과제 선정 단계의 환경과는 확연히 다른 모습이 될 수 있다. 이 경우 시장 변동 전에 마련된 일부 과제들의 변경은 불가피하며, 따라서 과제 수행 중엔 현 시장 상황에서의 실적과 초기 목표 간 갭이 발생할지에 상시 모니터링이 필요하다. 통상 이런 활동을 'Audit'라 한다. 'Audit'는 경영 혁신의 전반적 활동을 점검하는 성격이 강하지만 여기서는 '과제 수행 관리' 자체로 시장 변동에 대응하면서 부가가치도 함께 높일 수 있는 방안을 소개하는 게 목표다.[30] 다음은 과제 수행의 '중간 점검 활동(Audit)'을 나타낸 개요도이다.

[그림 C-2] 부가가치 향상을 위한 중간 점검 활동(Audit)

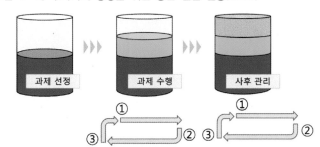

① 과제 ↔ 시장 간 갭 분석, ② 과제 보완(추가, 변경, 중단), ③ 목표 수정

[그림 C-2]에 보인 바와 같이 '과제 수행'과 '사후 관리' 내에 '① 과제/시장 간 갭 분석 → ② 과제 보완(추가, 변경, 중단) → ③ 목표 수정'의 사이클로 '중간 점검 활동'이 이루어짐을 알 수 있다. 즉 초기에 정해진 과제는 확고히 고정돼 있다기보다 목표 미달성을 우려한 '위험 관리(Risk Management)'[31]

---

30) 'Audit' 내용을 필요로 하는 독자는 「Be the Solver_혁신 운영법」편 내 '혁신의 수행'을 참조하기 바란다.
31) 시장 상황이 변해 초기 설정된 목표 달성이 어렵게 된 경우, 과정 관리를 통해 최소한 목표가 미달되지 않

와 목표 추가 달성을 위한 '과정 관리'를 통해 중간 점검 중 끊임없이 연구되고 관찰돼야 한다. 물론 '중간 점검 활동(Audit)'을 목표 추가 달성의 기회로 활용하기 위해서는 몇몇 조건들이 전제돼야 한다. 그중 가장 중요한 요건이 '효과 평가 전문가'를 양성하는 일이다.

'효과 평가 전문가'는 '1.2. 재무 과제 발굴 단계별 설명'에서 그 필요성에 대해 일부 언급한 바 있었으나, '과제 발굴'뿐만 아니라 '과제 수행'에서도 진가를 발휘한다. 사실 국내 기업에 소속된 '효과 평가 전문가'들은 전문성이 떨어지고 과제 평가에 대한 업무 분담률도 매우 낮은 게 현실이다. '전문성'은 회계 업무를 장기간 수행해온 사람을 영입하면 되지 않을까 하고 쉽게 생각할지 모르지만 프로세스 흐름을 이해하지 못하면 다양한 유형에 대처하기란 그리 녹록치 않다. 재무성과를 철저히 평가하고 판단하기 위해 과제가 재무 과제인지 여부부터 기준(Baseline)을 어느 값으로 정하고 시작할지, 기간 내 딱 떨어지지 않는 과제의 성과는 얼마로 해야 할지, 또 실적은 있는데 금액으로 전환되는 시기가 불분명한 경우, 다른 변동의 영향으로 과연 이 과제의 성과를 어디까지 정해야 하는지 등 회계 논리 속에 들어 있지 않은 프로세스와 얽히고설킨 다양한 유형에 매번 과제리더와 언성을 높이거나 적합한 논리를 찾기 위해 애쓰는 모습이 반복된다. 이런 실태는 '효과 평가 전문가'를 전업이 아닌 부업으로 역할을 주는 데도 문제가 있다. 예를 들어 한 기업의 손익과 연계된 주요 과제의 성과를 평가하고 확인하는 매우 중요한 업무에 평소엔 본업(?)을 하다 필요한 시점이 되면 '효과 평가 전문가' 역할을 하도록 운영하는 것은 매우 불합리하다. 단순한 회계의 논리로 따지기엔 규정되지 않은 너무도 많은 변수가 존재하기 때문에 임기응변적 대응에는 분명 한계가 있다. 또 회사의 손익을 평가할 중요한 전문가 집단이란 인식을 갖는다면 경험을 통한 노하우 축적과 평가의 수준을 올려주기 위해서도 '효과 평가 전문가'를

도록 관리가 이루어진 경우도 '추가 목표 달성'의 범주로 보고, 이 역시 '능동적 과제 수행'으로 간주한다.

본업으로 정례화하는 제도적 접근이 요구된다. 이런 조건이면 '능동적 과제 수행'의 기본 환경은 마련됐다라고 판단한다.

'효과 평가 전문가'가 충분한 전문성이 확보되고 다양한 과제들을 평가할 폭넓은 시야를 갖춘다면 과제 수행 중 '중간 점검 활동(Audit)'에 이들을 적극 투입한다. 그리고 리더나 사업부장을 대상으로 부가가치를 높일 수 있는 방안을 가이드(또는 컨설팅)하도록 역할을 부여한다. 평가 시점의 시장 상황으로 판단컨대 과제를 지속해도 좋은 것인지, 수정을 해야 하는데 어떤 방식과 수준에서 조정하는 것이 옳은지, 적합한 대안은 무엇인지, 재무성과를 추가하기 위해 검토해볼 만한 영역은 어디인지, 과제 수행 내용으로 파악컨대 좀 더 파고들어 예상치 못한 이득을 볼 수 있는 여지는 없는지 등등 성과를 극대화하기 위한 전문가 입장에서의 자문을 톡톡히 해내는 역할이 매우 중요하다. '효과 평가 전문가'의 전문성이 확보되면 리더와 사업부장들이 '효과 평가 전문가'의 조언을 신뢰하고 과제 방향이나 내용을 변경할 수 있는 유연성과 결단력도 보일 수 있어 '중간 점검 활동'은 과제 수행에 대한 기업의 고유한 체계로 자리 잡게 된다. **'능동적 과제 수행'이란 과제 수행이 정해진 대로 나아가고 있는지 모니터링 하는 것이 아니라 부가 수익을 올리기 위한 적극적 지원 활동**임을 다시 한 번 강조하는 바이다.

[그림 C-3] Audit 시 '효과 평가 전문가'의 역할

지금까지 '능동적 과제 수행'의 기본 콘셉트는 '효과 평가 전문가'를 '중간 점검 활동(Audit)'에 적극 참여시켜 시장 상황에 따른 유연한 대응(목표 미달 사태를 막기 위한)과 추가적인 재무성과 기회를 발굴하는 데 역점을 두는 것으로 설명하였다. 필자는 『Be the Solver』 시리즈의 문의에 대응하고 향후 토종 경영 혁신 방법론을 마련할 웅대한(?) 목표를 세우고 문을 연 카페32)에서 'Post Sigma'에 대한 의견을 개진한 적이 있다. 필자가 생각하는 'Post Sigma'의 내용이 '능동적 과제 수행'과 정확히 연계되므로 충분한 이해를 위해 당시 글을 아래에 그대로 옮겨보았다. 참고하기 바란다.

'Post Sigma!' 글쎄요. 인터넷 조회를 해보니 'Post Sigma' 또는 'Sigma Post'라는 단어가 조금 있긴 한데 그게 Six Sigma와 연관된 것인지는 좀 더 두고 봐야 할 것 같군요. 'Post'는 '~후의' 뜻이므로 'Post Sigma'는 '이후 시그마' 정도 될까 합니다. 'Post Sigma'는 제 개인적 소견으로 국내에선 상당한 의미를 갖는다고 판단합니다. 왜냐하면 국내 기업의 대부분이 경영 혁신을 경험했고, 그래서 문제 해결 전문가들이 많이 양산돼 있다는 것이죠. 이런 현실을 두고 판단할 때 이후 혁신 활동의 방향성은 분명히 추정 가능할 것이란 생각이 듭니다. 물론 기존의 경영 혁신 틀을 완전히 벗어난 새로운 뭔가가 창출된다면 모르지만 요즘의 방법론과의 융합화 또는 기업 성향에 맞는 내재화 과정을 바라보고 있으면 선뜻 이후의 혁신 활동이 어떤 것인가 눈에 밟힐 것도 같습니다. 'Post Sigma'가 뭐가 될 것 같으냐고요? 다음과 같이 'Post Sigma'의 특징을 생각해보았습니다.

① 개인의 역량 강화
언젠가도 언급했던 기억이 나는데 지금까지의 경영 혁신은 사실 기업의 것이지 개인의 것은 아니란 생각이 듭니다. 회사의 혁신 활동은 회사 관점에서의 비즈니스이므로 재무적 또는 효율을 극대화하기 위해 과제를 뽑고, 그에 맞는 적절한 인력을 양성해 결국 목표를 달성하는 분명한 방향성을 갖고 있었습니다. 맞는 얘기죠. 이걸 아니라고 했다간 바로 쇄도하는(?) 반대 의견에 내몰릴지 모를 일입니다. 그런데 이런 기업 눈높이의 관점은 개개

---

32) http://cafe.naver.com/oversigma

인의 관점에선 그리 탐탁지 않게 여겨지는 분위기가 만연해 있음도 부인할 수 없었습니다. 왜냐고요? 늘 하는 얘기죠. 바빠 죽겠는데 뭐해라! 어찌된 거냐? 했나? 안 했나? 등등. 개개인은 분명 끌려가는 듯한 환경에 입들이 삐죽이 나오는 경우가 많이 관측되기도 했습니다. 이런 직원들은 전체 시각에선 사소할 수도 있지만 소위 '저항 세력'으로 분류되기도 하니 분명 고민해봐야 할 대상과 현상임에 분명합니다. 그런데 보는 관점을 조금 달리하면 어떨까요? 기업 관점이 아니라 개인 관점에서 혁신 활동을 바라보면요! 회사의 재무성과와 효율을 극대화시킬 목적이 아니라 개인의 역량을 높여주고 그 높여준 개인의 Value는 그대로 본인의 이력에 추가되도록 한다면 말이죠. 모 기업의 임원 말입니다. 이 활동은 회사를 위한다고 하면 어려운 상황이 많겠지만 본인들을 위한 것이라면 필요할 수도 있을 것이니 한 번 생각해보라는.... 다행히 '문제 해결 전문가' 자격은 명함에도 새기고(토익은 안 새기잖아요!^^), 개인 이력서에도 명시되는 타이틀이니까요! 이런 취지라면 본인 스스로 생각해볼 때 "필요하겠다"라고 생각하는 직원들이 생겨나고 이들은 또 스스로 배움의 터로 들어오려는 Needs를 형성하지 않을까요? 시켜서 한다는 그런 생각들은 사라질 거란 뭐 그런 생각 말이죠. 정리하면 'Post Sigma'는「현재 양성된 인력들을 훨씬 더 강하고 경쟁력 있는 인력으로 이끌도록 유도하는 체계의 확보」라고 할 수 있습니다. 그동안 회사 관점의 흐름으로부터 개인이 놓쳤던 부족함을 메워주는 개인 관점으로의 전환 말이죠! 이를 토대로 회사는 훨씬 더 어렵고 성과가 큰 이슈에 이런 공인된 인력들의 도움을 받을 수 있지 않을까요?

② 금전적 성과 평가

'재무성과'가 아닌 '금전적 성과'라고 표현해보았습니다. 뭐가 다르냐고요? 다릅니다. '재무적'은 실제 손익 계산에 반영해야 하지만 '금전적'은 그렇지도 또 그렇지 않을 수도 있습니다. 물론 제가 정의한 용어니까 제 마음대로 씁니다(^^). 우리가 잘 알고 있는 내용이지만 과제 성과엔 '재무성과'와 '비재무적 또는 체질 개선 성과'가 있습니다. 그런데 후자는 금액으로 명시하는 경우(COPQ)도 있지만 그렇지 않은 경우도 많습니다. 그래서 "왜 재무 과제만 우선시하고 비재무 과제는 포상 대상에서 제외하느냐?" 등등의 논쟁이 많은 것도 사실입니다. 현실적으로 모든 과제의 성과를 '돈'의 단위로 만들어내는 일은 불필요하거나 어려운 사항들이 산재합니다. 그렇지만 여러 출처에서 그런 성과에 대한 표현법을 연구한 사례가 종종 있습니다. 'Post Sigma'에선 모든 과제는 '돈'의 단위로 그 성과를 판단하는 체계가 필요합니다. 뭐가 좋으냐고요? 과제의 성과를 서로 비교할 수 있으니까요. 재무성과와 비재무 성과까지도 말이죠. 그렇게 된다면 과제가 어느 정도의 성과를 이룩한 것인지에 대해 궁극적으로 커뮤니케이션의 효율이 높아지고, 과제의 진정성(정말 해야만 했던 과제인지, 정말 고민한 과제인지 등)을 지속적으로 확인할 수 있게 됩니다. 향후 과제 선정과 결과에 대한 평가에 있어서 객관성을 확보하는 데 크게 기여할 것입니다.

③ 표준 검증 시스템(표준화)

모든 과제를 '금전적'으로 표현하려면 명확한 원리적 근거가 마련돼야 합니다. 국내 삼성 그룹에서 마련된 '효과 평가 전문가 제도'는 실로 많은 고민과 시행착오를 거쳐 완성된 것인데(좀 더 보완될 사항이 있겠지만) 유야무야 되는 듯한 현실이 아쉽기만 합니다. 이어진 연구가 미진하다는 얘기죠. 그런데 이런 재무적 평가 체계(표준화)뿐만 아니라 비재무적 활동도 어차피 활동이므로 '소요 시간'에 공인된 투입 인력의 시간당 인건비를 곱해 '돈'으로 환산하려면 그 표준 체계가 요구됩니다. 이 부분은 '금전적 성과 평가'를 도입하려는 '의사 결정'과는 좀 다른 얘기죠. 이 분야에 대한 기업별 연구가 필요할 테니까요. 그것도 많아~. 많은 기업이 '효과 평가 전문가 제도'를 도입해 운영하고 있지만 사실 현실과 동떨어지거나 기업 특성을 반영한 연구가 미진해 잘 진행되는지에 대한 의문에서 벗어날 수 없습니다. 남아 있는 숙제 중의 하나입니다. 동일한 잣대를 가지고 현상과 결과를 측정해줘야 개개인의 성과에 대한 불만이나 노력에 대한 포상에 의문을 재기하지 않게 되겠죠. 항상 풀리지 않는 숙제 중 하나입니다. '표준 검증 시스템(표준화)'의 마련은 '금전적 성과 평가'의 토대가 될 것이며, 이런 '금전적 평가'는 '개인 역량 강화'의 의지를 북돋게 될 것입니다. 요약하면,

「표준 검증 시스템(표준화) 마련 → 모든 과제의 금전적 성과 평가화 → 개인 역량 강화 → 이를 통한 회사의 궁극적 성장」

의 전개가 가능하게 됩니다. 큰 얘기는 아닙니다. 작은 얘기지만 의미 있는 얘기가 될 수 있습니다. 더 고민해보죠.

이제 '능동적 과제 수행'을 위한 중요 항목인 '1. 금전적 성과 평가'와 과제 진척 상황을 한눈에 볼 수 있는 '2. 과제 수행 관리'에 대해 알아보자.

1. 금전적 성과 평가

'과제'란 잘 알고 있다시피 '해결할 문제'이며, 문제가 해결되면 수혜가 따른다. 기업에서의 '수혜'는 곧 '돈'이다. '돈'이 안 되는 과제들은 프로세스 효율화에 기여하지만 프로세스 효율화는 곧 기업의 이윤을 극대화하는 데 작용한다. 다시 말해 직접적 '돈'은 안 되도 한 다리 건너면 '돈'이 되는데 중요한 가교 역할을 한다. 따라서 과제에서 이룬 프로세스 효율화의 크기를 '돈'의 단위로 표현하는 일은 실제 재무성과와의 인과성을 설명하고 해석하는 데 매우 유용한 정보로 활용된다. 이제 '금전적 성과 평가'의 방법들에 대해 알아보자. 하나는 '재무성과 평가'이고, 다른 하나는 '비재무성과 평가'에 대한 것이다. 성과 평가에 대해선 「Be the Solver_과제 성과 평가법」편에서 별도 상세히 다루고 있으므로 본 장에선 '능동적 과제 수행'의 이해에 필요한 만큼만 요약해 설명할 것이다.

1.1. 재무성과 평가

과제의 재무성과를 평가하는 일은 경영 혁신이 국내에 상륙한 1999년대로 거슬러 올라간다. 물론 그 이전에도 수행 과제가 있었고, 과제별 성과 평가도 있었지만 손익 계산서에 올라간다는 보장이나 개념은 없었다. 즉 GE社가 전사적으로 경영 혁신을 추진하며 전 세계에 그 영향력을 입증하기 전까진 재무평가에 대해 어느 국내 기업도 크게 필요성을 느끼지 않던 시기였다. 그러나 당시 '삼성SDI'가 미국 컨설팅 회사인 SBTI社로부터 '문제 해결 방법론'을 도입하면서 성과 평가의 중요성이 대두되었다. 예를 들어, 'GE'식 경영 혁신을 전사로 확대하면서 제조, 간접, 연구 개발 부문에서 선발된 핵심 인력들의 수행 과제를 어떻게 평가해야 하는가에 큰 관심을 갖게 된 것이 계기가 되었다. 당시 수행된 전사 70여 과제들 중 재무에 밝은 한 담당자에 의해 재무 평가법 정립을 목표로 한 과제가 등록되었으며, 이때 모든 유형 구분과 산정 방식이 결정되었다. 그런데 내용의 완성도가 현격히 높아 현재까지 국내 많은 기업에서 벤치마킹을 통해 활용되고 있다. 물론 이후로도 몇 년간 삼성 전 계열사로 확대되면서 각 계열사별로 산정 방식이 더욱 구체화되었고, 특히 삼성경제연구소(SERI) 등에서 보완이 이루어지며 소위 '효과 평가 전문가 제도'가 정착되었다. 한 가지 아쉬운 점은 이 부문의 많은 연구 결과물이 그 이후 더 이상의 발전 없이 묻혀 가고 있다. 과제의 금전적 성과를 평하는 체계가 하루아침에 이루어지지 않는 점을 감안하면 안타까운 현실이 아닐 수 없다. 당시 정립된 유형 구분은 다음 [그림 C-4]와 같다.

[그림 C-4] '금전적 평가'의 최초 유형 구분 예

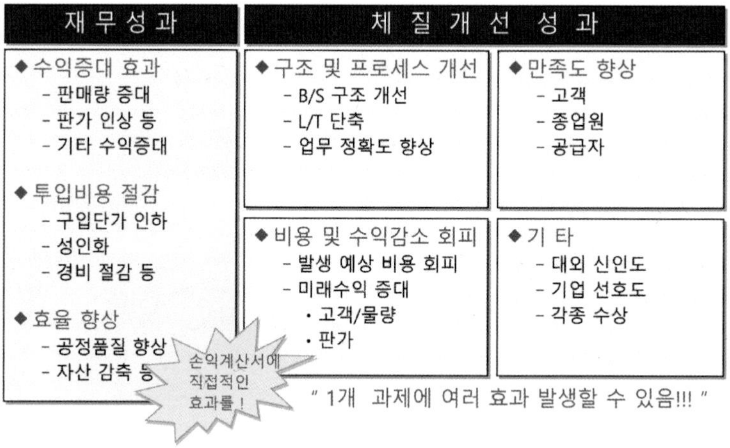

[그림 C-4]는 수행 과제에 대해 국내 최초로 구분된 '금전적 평가'의 유형

예이다. 그림에 나타난 바와 같이 '재무성과'와 '체질 개선 성과'로 나뉘어 있는데, 후자는 '비재무성과'에 해당한다. 최초의 접근임에도 구분들이 명확하고 계량적 접근이 가능하며, 특히 각 항목별 사례와 산정 방식을 명문화함으로써 객관적 판단 잣대를 마련했다는 데 매우 큰 의의가 있다. 아직까지도 과제의 재무평가를 하는 기업에서 [그림 C-4]의 기본 골격이 유지되고 있는 것을 보면 십수 년 전에 마련된 내용임에도 매우 깊이 있고 견고하며 신도 있음을 재확인할 수 있다. 산정 방식들의 예는 주제에서 벗어나므로 본문에 포함시키지 않았으니 참고하기 바란다.[33]

앞서 본문에서 설명한 바와 같이 수행되는 모든 과제의 성과를 '재무적 평가'와 '비재무적 평가', 즉 돈의 단위인 '금전적'으로 평가할 것을 주문하였다. 이 기준을 적용할 때 [그림 C-4]의 기본 골격의 변화가 불가피하다. 그 이유는 재무제표의 손익 계산서에 과제성과가 명확하게 반영되는 '재무성과'와, 손익 계산서에 반영은 되지 않지만 '돈'의 단위로 환산이 가능한 [그림 C-4]의 'B/S 구조개선'이나 '발생 예상 비용 회피' 같은 '비재무성과', 또 R&D 과제 같이 앞으로 발생할 미래 예상 수익의 평가가 있는 반면, 여기에 포함되지 않는 다양한 유형들이 추가로 존재하기 때문이다. 일례로 한참 앞에서 설명했던 [그림 A-21]의 빙산 그림에서 수면 아래쪽의 규정짓기 힘든 많은 항목들이 이에 해당한다. 예를 들어 R&D 과제 성과가 제품의 판매량 등으로 연결되지 못할 경우 얼마만큼의 금액적 요소로 표현해야 할지 매우 난감하다. 또 '재무성과'와 '비재무성과'가 중첩된 형태라든가, 개발성 과제의 성과와 '비재무성과'가 섞여 있는 모습 등 수행될 과제 수만큼이나 그 조합 수도 무궁무진하다. 이와 같이 수행될 예정이거나 수행된 과제의 다양한 성과 유형을 빠짐없이 구조화하는 것 또한 매우 중요한데, 잘 알고 있는 'Logic Tree'의 'MECE (Mutually Exclusive and Collectively Exhaustive, '미시'로 발음한다)'적으로

---

33)「Be the Solver_과제 성과 평가법」편을 참고하기 바란다.

표현한 것이 다음 [그림 C-5]이다.

[그림 C-5] 금전적 평가를 위한 '성과 공간'

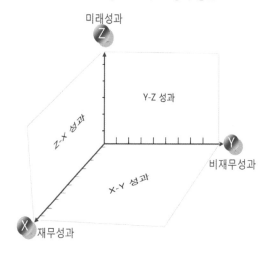

[그림 C-5]의 '성과 공간'을 보면 'X-축'은 재무제표의 '손익 계산서'에 올릴 수 있는 '재무성과'를 나타내고, 'Y-축'은 'COPQ(Cost of Poor Quality)' 중 '손익 계산서'에 올라가지는 않지만 '금액' 단위로 산정될 수 있는 '비재무 성과'를 나타낸다. 통상 'COPQ' 속엔 'F-Cost'와 같이 '재무성과'로 평가되는 항목들이 있으므로 'COPQ' 모두가 '비재무성과'로 고려되는 것은 옳지 않다. 또 과거 모 기업에서 '재무성과'와 별개로 빙산 아래, 즉 '금액'으로 표현하되 '손익 계산서'에 반영되지 않는 유형을 'H-Cost(Hidden Cost)'로 규정 짓고 그에 걸맞은 분류와 정의를 설정해 관리한 바 있는데, 이 역시 'Y-축' 에 포함시킬 수 있다. 'Z-축'은 R&D와 같은 연구개발성 과제들의 성과 평가를 나타내는데, 연구 개발 결과가 바로 상품으로 연결돼 수년 내 판매량 예측이 가능할 수도 있지만 '기술 개발'처럼 그 성과를 '금액'으로 표현하기 매

우 어려운 유형도 존재한다. 이들을 규정짓는 일 또한 없어서는 안 될 중요한 활동 중 하나이기 때문에 한 개 축을 차지한다. 그 외의 유형으로 각 좌표축을 변으로 하는 평면들이 존재하는데 서로 다른 성과들이 섞여 있거나 분류가 어려운 유형이 포함된다. 예를 들면 제품 개발 결과 판매량이 기대되는 동시에 프로세스 효율이 증대되는 'Y-Z 성과' 등이 있다. 한편 과제 수행 시 [그림 C-5]의 '성과 공간'을 잘 활용할 수 있는 방안으로 진행된 과제가 '성과 공간'의 어느 좌표 점에 위치하는지를 알아내 금전적 평가는 물론 시각화도 동시에 구현하는 접근이 가능하다. 다음 그림을 보자.

[그림 C-6] 임의 과제의 '성과 공간'상 위치 예

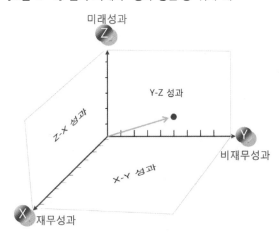

[그림 C-6]의 '성과 공간' 내 표시된 좌표 점은 'Y-Z 성과' 평면에 존재하며 '비재무성과' 쪽으로 약간 치우친 경향을 보인다. 모든 임의 과제에 대해 그 성과를 이와 같은 3차원 좌표 공간에 표기할 수 있고, 그에 대한 금액을 산출할 방안이 있다면 성과를 규격화하는 일은 매우 의미가 있다. 그러나

이 부분은 연구 과제로 남겨두며,[34] 일부는 「② 비재무성과 평가」에서 다룰 것이다. 다시 본론인 '재무성과'로 돌아가 「재무제표 접근법」을 통해 발굴된 과제의 '추정 재무성과'를 가지 형태로 나타내면 다음과 같다(추정 재무성과 Tree). 참고로 본 내용은 [그림 C−5]의 'X−축'만 해당되는 예이다.

[그림 C−7] 「재무제표 접근법」을 통해 발굴된 '추정 재무성과 Tree' 예

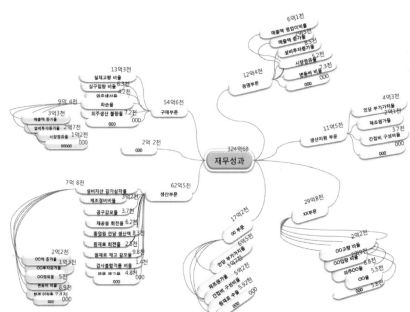

[그림 C−7]에서 타원에 들은 지표들은 '재무제표', 특히 '손익 계산서'와 연계된 것([표 B−19]~[표 B−25] 참조)들이며, 빨간색 수치들은 '추정 성과 금액'을 나타낸다(과제 수행 초기에 설정된 예상 금액들이므로 추정 액에 해

---

34) 「Be the Solver_과제 성과 평가법」편에서 다루어질 것이다.

당한다). 정 가운데 '재무성과'의 수치는 과제 수행 후 예상되는 전체 금액을 나타낸 것이다(라고 가정한다). 색깔이 동일한 타원끼리 정리하면 우리가 잘 알고 있는 'Logic Tree'가 되는데, 「재무제표 접근법」에서 설명했던 바와 같이 '재무제표를 이루는 지표'들로부터 '조직별 지표'가 분화되므로 성과 금액들 간 정합이 성립한다. 이제 '비재무성과'의 평가 방법에 대해 알아보자.

1.2. 비재무성과 평가

비재무성과는 '금액 산정이 명문화된 경우'와 '금액 산정이 명문화되지 않은 경우'로 구분되는데, 전자는 'COPQ(Cost of Poor Quality)'처럼 공론화된 산식이 존재하는 반면, 후자는 산식 자체가 불분명하거나 존재하지 않는 유형들이 포함된다. '금액 산정이 명문화된 경우'와 '금액 산정이 명문화되지 않은 경우' 각각을 [그림 C-5]의 '성과 공간'에 대응시키면 다음 [그림 C-8]과 같다.

[그림 C-8] '성과 공간'상 비재무성과 유형들 예

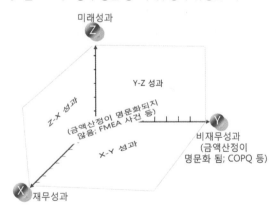

[그림 C-8]의 'Y-축'과 같이 '금액 산정이 명문화된 경우'의 항목과 산정 예는 다음과 같다('COPQ' 경우이며 '산출식' 내 괄호는 포함여부를 판단).

[표 C-1] 금액 산정이 명문화된 경우(COPQ 예)

항목		비용 구성 요소	산출식
예방 비용	교육훈련비	1. 교육참가비, 2. 출장비, 3. 교육기간 동안의 인건비	1+2+(3)
	품질업무 추진비	1. 인건비, 2. 운영경비, 3. 고정비	1+2+3
	…	…	…
평가 비용	출하 검사비	1. 검사 인건비, 2. 검사경비, 3. 시료 폐기처리비용	1+(2)+(3)
	공정 검사비	1. 검사 인건비, 2. 검사경비, 3. 시료 폐기처리비용	1+(2)+(3)
	…	…	…
실패 비용	불량품 수리비	(내부) 1. 분해조립비, 2. 부품조립비, 3. 인건비	[1+(2)+3]*N
	부실채권 손실비	(외부) 1. 미회수 금액, 2. 회수를 위한 손실금액	1+(2)
	…	…	…

공식적으로 산식이 존재하는 'Y-축'을 제외하면 'X-Y 성과', 'Y-Z 성과', 'Z-X 성과' 및 'X-Y-Z 성과'들이 남는데 'P-FMEA'에서 발굴된 다양한 사건들의 성과들이 여기에 포함된다. 이들은 대부분 산식이 사전에 명문화돼 있지 않거나 규정하기 어려운 것들이다. 예를 들면 "작업자 간 커뮤니케이션 미숙으로 절차가 잘못 선택되는 사건"이나 "개발 과정에서 해야 할 실험 하나가 빠져 요구품질에 이르지 못한 사건", "관리 범위에서 벗어나 오류가 발생하는 사건" 또는 사건 하나에 여러 유형이 포함되는 것 등이다. 이들 중 일부는 과제 수행이 완료된 후 '금전적 성과'로 평가되는 경우도 있으나 그렇지 못한 경우 [표 B-47]에서 작성된 '각 사건별 처리 소요 시간'에 '시간당 평균 임금'을 곱해 금액으로 환산한다. 이때 각 사건별로 프로세스에 미치는 영향 정도가 다르므로 이에 대한 '사건별 가중(Weight)'을 해주는 접근

이 필요하며, 따라서 '가중치를 정하는 방법'이 사전에 결정돼야 한다. 파악된 바로는 '가중치를 정하는 방법'에 "Calculating COPQ Using Weighted Risk of Potential Failures, by Pankaj. Sharma, iSixSigma.com"의 것이 유용하다. 그러나 여기선 FMEA의 용법을 이용한 독창적인 가중 방법을 소개하고자 한다. 다음은 그 개요도이다.

[그림 C-9] '성과 공간'에서의 가중치 설정 개요도

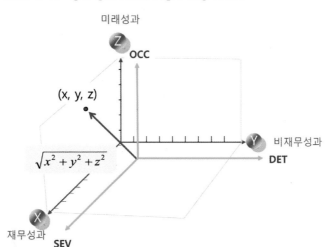

[그림 C-9]에서 'X-축(재무성과) ↔ SEV', 'Y-축(비재무성과) ↔ DET', 'Z-축(미래성과) ↔ OCC'의 대응을 나타낸다. 이것은 FMEA에서 발굴된 사건들의 위험도(개선 순위 또는 프로세스에서의 중요도)를 평가할 때 'RPN (Risk Priority Number)'을 사용하는 것 외에 다음과 같은 방법도 병행되는 것을 이용한 것이다.

[표 C-2] FMEA 내 사건 평가를 위한 개선 조치 가이드

SEV	OCC	DET	평가 결과	조치
1	1	1	최고의 설계(상태)	필요 없음
1	1	10	고장(문제)의 영향이 없다	필요 없음
10	1	1	고장(문제)이 고객에게는 영향이 없다	필요 없음
10	1	10	프로세스 관리상 결점(또는 문제점) 처리 필요	개선
1	10	1	잦은 고장(문제), 검출 가능, 비용 유발	재설계
1	10	10	잦은 고장(문제)으로 고객에게 문제가 전달된다	개선/재설계
10	10	1	영향이 큰 잦은 고장(문제)	재설계
10	10	10	심각한 문제	중단

[표 C-2]의 'SEV(1)-OCC(1)-DET(10)'에서 '1'은 '1~3'을, '10'은 '8 ~10'의 범위를 적용한다. '조치'의 공통점은 '발생도(OCC)'가 높을 때 '재설계'를 하도록 가이드하고 있는데, 이것은 제품이나 프로세스 문제의 '발생 빈도(Occurrence)'는 주로 '설계'의 잘못에서 오기 때문이다. 또 '검출도(DET)'가 높으면 '개선'하도록 가이드하는데 이것은 문제를 검출하는 능력이 떨어지는 것은 '프로세스의 관리 문제'로 보고 있기 때문이다. 반면에 '심각도(SEV)'는 사건의 결과를 보고 판단하며 개선 전이나 후에 변함없이 동일한 값을 유지시키는데 아무리 발생 빈도를 낮추거나 문제 검출 능력을 높여도 사건의 '심각성' 자체는 본질적으로 변하지 않기 때문이다. 이와 같이 설명된 FMEA 평가의 개요를 응용하면 다음과 같은 결과를 유도할 수 있다.

[표 C-3] '성과 공간'과 FMEA 평가 항목 대응

성과 공간 좌표		연계성	FMEA
축	축 명		평가 항목
X	재무성과	'SEV'는 사건의 결과에 대한 평가이며, 과제 수행의 실질적 성과와 관련됨	SEV
Y	비재무성과	'DET'는 프로세스 개선과 관련됨	DET
Z	미래성과	'OCC'는 설계, 즉 연구 개발과 관련됨	OCC

[표 C-3]의 대응 관계를 통해 'P-FMEA'의 각 사건에 대해 [그림 C-9]와 같은 좌표점인(x, y, z)가 존재하고, '가중치'를 다음과 같이 산정할 수 있다.

$$가중치(Weight) = \sqrt{x^2 + y^2 + z^2} \tag{C.1}$$

[그림 C-9]와 [표 C-3]의 결과는 'P-FMEA'에서 적출된 모든 사건들을 '성과 공간'에 대응시킬 논리가 마련됐다는 데 의의가 있다.

지금까지의 과정을 「P-FMEA 접근법」에서 적출한 사건들([표 B-45])에 적용하면 다음과 같다.

[표 C-4] 사건별 '가중치(Weight)' 산정 예

No	…	Potential Failure Effects(Y's)	S E V	Potential Causes of Failures(X's)	O C C	Present Process Control	D E T	R P N	Recommended Actions	가중치
1	…	추정 손익 변동	9	수집정보 활용 미숙	2	수집자료 Check Sheet 관리	3	54	–	9.7
2	…	추정 손익 변동	9	주먹구구식 추정	9	표준방법 없음	7	567	일반관리비 추정 방법 표준화	14.5
3	…	회기기간 중 보정 작업 과다발생	7	수집정보 활용 미숙	3	수집자료 Check Sheet 관리	3	63	–	8.2
4	…	회기기간 중 보정 작업 과다발생	7	주먹구구식 추정	3	표준방법 없음	7	147	'No. 2'에 통합	10.3
…	…	…	…	…	…	…	…	…	–	…
33	…	원료수급에 악영향	8	전망 추정방법이 제각각으로 이루어짐	4	표준방법 없음	9	288	전망방법 가이드 라인 마련	12.7
34	…	원료수급에 악영향	8	급하게 작성됨	7	현 주어진 작성기간 1주 수준임	6	336	적정시간 협의 후 결정	12.2
35	…	추정 손익 변동	9	전망 추정방법이 제각각으로 이루어짐	5	표준방법 없음	8	360	'No. 33'에 통합	13.0
36	…	추정 손익 변동	9	급하게 작성됨	2	현 주어진 작성기간 1주 수준임	5	90	–	10.5
…	…	…	…	…	…	…	…	…	…	…

[표 C-4]의 '1번' 사건 경우 '성과 공간'의 좌표 점(9, 3, 2)에 위치하며, '가중치=9.7'임을 알 수 있다. 'RPN'과 '가중치'와의 상관성이 '약 0.94' 정도의 '강한 양의 상관관계'를 보이므로 문제의 중요도를 평가하는 데 큰 차는 없으나 '가중치'가 'RPN'에 비해 수치가 현격히 낮아지므로 금액 환산 시 비정상적인 왜곡을 방지하는 효과가 있다. 이제 지금까지의 결과를 이용하여 「P-FMEA 접근법」을 통해 적출된 사건(비재무 과제)들의 '비재무성과' 수준을 파악해보자. 이 작업을 위해 앞서 산정된 각 사건별 추정된 '처리 소요 시간([표 B-47])'과 사건별 산정된 가중치([표 C-4])를 활용한다. 단, 본 예 경우 시간당 평균 임금을 '1만 원'으로 가정한다.

[표 C-5] 사건별 '추정 비재무성과' 산정 예

No	...	S E V	Potential Causes of Failures(X's)	O C C	Present Process Control	D E T	R P N	Recommended Actions	추정 소요 시간 (hr)	가중치	추정 비재무성과 (만)
1	...	9	수집정보 활용 미숙	2	수집자료 Check Sheet 관리	3	54	−	20	9.7	194.0
2	...	9	주먹구구식 추정	9	표준방법 없음	7	567	일반관리비 추정 방법 표준화	1,440	14.5	20,880.0
3	...	7	수집정보 활용 미숙	3	수집자료 Check Sheet 관리	3	63	−	12	8.2	98.4
4	...	7	주먹구구식 추정	3	표준방법 없음	7	147	'No. 2'에 통합	0.5	10.3	5.2
...	...	...	...	...	...	...	...	...	...	...	...
33	...	8	전망 추정방법이 제 각각으로 이루어짐	4	표준방법 없음	9	288	전망방법 가이드 라인 마련	480	12.7	6,928.0
34	...	8	급하게 작성됨	7	현 주어진 작성 기간 1주 수준임	6	336	적정시간 협의 후 결정	240	12.2	2,928.0
35	...	9	전망 추정방법이 제 각각으로 이루어짐	5	표준방법 없음	8	360	'No. 33'에 통합	0.5	13.0	6.5
36	...	9	급하게 작성됨	2	현 주어진 작성 기간 1주 수준임	5	90	−	18	10.5	189.0
...	...	...	...	...	...	...	...	...	...	...	...

[표 C-5]의 'No.2', 'No.33', 'No.34' 등은 이미 핵심 과제로 선정된 바

있으므로 나머지 사건들도 우선순위를 통해 함께 개선을 수행한다면 '추정 비재무성과'만큼의 프로세스 효율이 높아지는 효과를 거두게 된다.

지금까지 '재무성과'와 '비재무성과'의 내용과 금전적 표현법에 대해 알아보았다. '능동적 과제 수행'의 개요 단계에서 설명했던 바와 같이 초기에 정해진 과제는 획고히 고정돼 있기보다 목표 미달성을 우려한 '위험 관리(Risk Management)'와 목표 추가 달성을 위한 '과정 관리'를 통해 중간 점검 중 끊임없이 연구되고 관찰돼야 한다. '중간 점검 활동(Audit)'을 목표 추가 달성의 기회로 활용하기 위해 '효과 평가 전문가'의 체계적 활동도 주문한 바 있다. 또 눈으로의 관리를 위해 [그림 C-7]의 '추정 재무성과 Tree'와 [그림 C-6]의 비재무성과를 포함한 '성과 공간'을 개발해 소개했다. 이 같은 접근과 도구들을 이용해 과제 수행 기간 동안 최대 성과를 내기 위한 과제 변경 유도와 관리 방안이 마련되는 계기가 되었다. 참고로 과제 선정을 위한 조직의 전체 활동과 체계 및 사후 관리 등에 대해서는 「Be the Solver_혁신 운영법」편을 참고하기 바란다. 또 과제 성과 평가에 대한 자세한 내용들은 「Be the Solver_과제 성과 평가법」편에서 다루고 있으니 관심 있는 독자는 참고하기 바란다.

2. 과제 수행 관리

'과제'에 대한 핵심 활동을 구분하면 [그림 C-1]에 설명된 「과제 선정-과제 수행-사후 관리」로 대변되며, 특히 '과제 수행 단계'는 결정된 과제들을 정해놓은 일정대로 추진하는 수동적 접근에서 벗어나 '효과 평가 전문가'의 적극적 개입을 통해 목표 추가 달성을 위한 새로운 과제 발굴이나 기존 과제의 변경이 가감되는 능동적 접근으로의 전환을 역설한 바 있다. 이런 접근의 바탕이 되었던 것이 수행되는 모든 과제의 성과를 '돈'의 단위로 평가함으로써 과정과 결과에 대한 계량화를 이룬 것이었다. 이에 덧붙여 또 한 가지 고려할 중요 항목으로 '눈으로 보는 관리'의 실현이 있다.

'문제 해결 방법론'에서 자주 거론되는 '눈으로 보는 관리'의 대명사에 Control Phase의 대표 도구인 '관리도(Control Chart)'가 있다. 실시간은 아니지만 시간에 따라 프로세스의 변동 상황을 눈으로 확인하고, 또 검정을 통한 진단까지 가능하므로 1920년대 만들어진 오래된 도구임에도 큰 변경 없이 그 명맥을 굳건히 유지하고 있다. 꼭 관리도를 염두에 둔 것은 아니지만 한 기업의 수많은 과제를 일정 기간 동안 병행해서 수행하다보면 진척 상황을 실시간으로 확인하고 싶은 기본적 욕구가 생긴다. 진행 중 문제가 없는지, 목표는 충분히 달성할 것인지, 현재 진척률은 일정에 맞게 가는지 등 관리자뿐 아니라 주변 팀원들 역시 궁금한 것은 마찬가지다. 그러나 이런 요구를 들어주기 위해 매번 자료를 만들거나 알아서 주기적으로 보고하는 것도 업무적으로 부담스럽다. 따라서 가장 효율적으로 과제의 진척 상황을 일목요연하게 공유할 방법이 있다면 굳이 안 따라야 할 이유가 없다. 우선 재무 과제와 비재무 과제로 구분돼 있고, 관리 방식의 기본 틀이 마련돼 있으므로 그들을 이용해 과제 수행 관리를 마련해보도록 하자.

2.1. 재무 과제 수행 관리

'재무 과제'는 재무성과에 모든 관심이 맞춰져 있으므로 '눈으로 보는 관리' 역시 재무성과가 현재 어떤 수준이고, 목표는 얼마이며, 향후 목표 달성에 문제가 없는지 등을 시간대별로 가늠하도록 표현하는 것이 중요하다. 이를 위해 관리 방식의 기본 틀인 [그림 C-7]을 다시 가져와보자.

[그림 C-10] 「재무제표 접근법」을 통해 발굴된 '추정 재무성과 Tree' 예

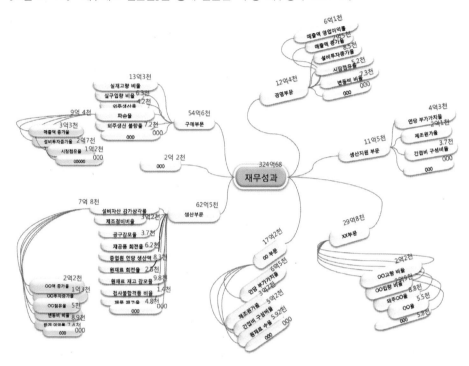

[그림 C-10]은 현재 수행 중인 재무 과제들의 성과를 'Tree'로 구현한 것이며, 전체 재무성과가 얼마이고, 어떤 하위 지표 달성을 통해 전체가 이루어지는지 눈으로 확인이 가능하다. 따라서 '추정 재무성과 Tree'를 동일 레벨로 정렬한 뒤 각 지표에 대응되는 과제들을 할당하면 훌륭한 '수행 관리표'가 만들어진다. 다음은 '재무 과제 수행 관리 Map'의 한 예이다.

[그림 C-11] '재무 과제 수행 관리 Map' 양식 예

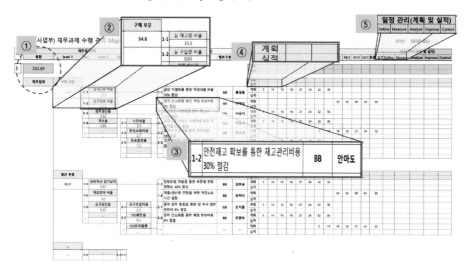

[그림 C-11]의 '재무 과제 수행 관리 Map'이 세부적으로 관찰이 안 돼 주요 부분에 '원 번호'를 붙여 다음과 같이 보충 설명한다.

① 총합 → [그림 C-10]의 '추정 재무성과 Tree'에서 정중앙에 위치한 재무성과 '전체 금액'을 나타낸다. 만일 한 사업부에서 사용할 양식이라면 '사업계획'의 당해 연도 목표(매출 및 영업 이익 등)를 달성하기 위해 사업부별 재무제표와 연관된 지표들을 선정해 각 목표 금액을 할당한 바 있으므로 그들 전체를 합산한 값이 입력된다.

② 재무성과 하위 단계 → '총합'을 만들어내기 위한 하위 단계 지표와 각 지표별 합산 금액을 열거한다. [그림 B-6]의 「재무제표 접근법」에서 재무 과제 발굴을 위해 지표는 모두 재무제표와 연계된 것들이므로 금액으로의 하위 전개가 가능하다.

③ 수행 과제(Project) → 하위 지표들과 각 목표 금액을 달성하기 위해 「재무제표 접근법」을 통해 발굴된 '과제명'과 '벨트 구분' 및 '과제 리더'를 입력한다.

④ 수행 관리 → 과제 수행을 월별로 모니터링 하는 란이며 월별로 '계획' 과 '실적'을 입력한다. 통상 과제가 종료된 후 실적이 나온다고 알고 있으나 일반 활동 또는 '빠른 해결 방법론'이나 '즉 실천(개선) 방법론'을 통해 실적이 바로 나올 수도 있다. 목표에 미달하거나 달성이 어렵다고 판단될 경우 새로운 과제를 발굴하거나 기존 과제의 수정 등이 이루어질 수 있는 근거를 제공한다. 과제 수행 '관리'를 위해 매우 중요한 영역이다.

⑤ 일정 관리 → '로드맵 D−M−A−I−C'나 '로드맵 D−M−A−D−V' 또는 '로드맵 D−M−W−C'와 같이 로드맵 각 Phase별 시간 진척도를 관리하는 란이다. D, M, A, I, C 각 Phase별 계획된 일정대로 소화하고 있는지 모니터링해서 지연될 경우 적절한 지원책 등을 마련하는 데 활용한다.

[그림 C−11]의 '재무 과제 수행 관리 Map'을 엑셀이 아닌 IT 인프라화한다면 훨씬 더 정교하고 효율적인 관리가 이루어질 수 있다. 각 사업부 또는 단위 조직별로 본 Map을 작성해 관리하면 전사 담당 부서에선 전체를 아우르는 차트를 만들어 한 기업의 재무성과 전체를 월별로 모니터링 할 수 있는 체계가 완성된다. 이에 대해선 각 기업의 상황에 맞도록 활용하기 바란다.

2.2. 비재무 과제 수행 관리

'비재무 과제'는 '재무 과제'와 동일하게 금액으로 환산해 관리될 수 있는 반면 금액 자체가 '재무성과(망대)'라기보다 'COPQ성 개념(망소)'이므로 '총합' 관리보다는 규모가 큰 대상 몇몇을 골라 줄이려는 노력에 초점을 맞출 필요가 있다. 또 「P-FMEA 접근법」을 통해 과제가 발굴되므로 과제 수행 기간 동안 수시로 FMEA를 갱신하며 사건들이 가감되면 정작 'Tree 구조'로 작성할 경우 수정하는 일 자체가 또 다른 'COPQ'를 양산할 개연성이 매우 크다. 따라서 '비재무 과제'의 수행 관리는 'P-FMEA 양식' 자체를 그대로 활용한다.

FMEA 양식 자체를 이용한 관리 방식은 「2. 'P-FMEA'를 이용한 비재무 과제 발굴법」의 [그림 B-17]에서 FMEA 용법을 설명하는 과정에 일부 포함돼 있다. FMEA 용법을 상기하면, 양식 내에 'Y'가 기록되는 'Potential Failure Effects'가 있고, Analyze Phase의 기능인 'Potential Causes of Failure, RPN, Recommended Actions', 또 Improve 역할을 할 'Taken Actions'와 끝으로 Control Phase 역할을 할 'Current Process Controls' 공간이 마련돼 있다. 또 관리에 필수인 중요 사건을 해결할 '담당자(리더)'와 언제까지 완료할 것인지 '일정'을 기입하는 'Responsible Person & Target Date'가 있어 양식 자체만 으로도 충분한 모니터링이 가능하다. 따라서 별도의 관리 체계를 구성하기보 다 FMEA 양식을 이용한 접근이 효과적인데, 다음은 기억을 되살리기 위해 [그림 B-17]을 다시 옮겨놓은 것이다.

[그림 C-12] 'FMEA 양식'의 구조

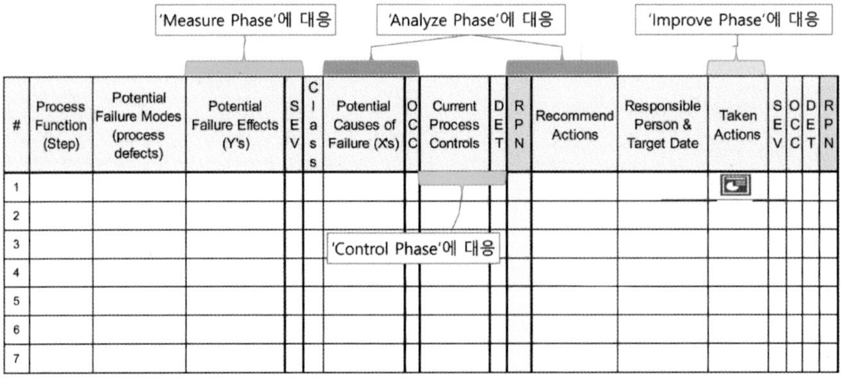

[그림 C-12]의 FMEA 양식을 이용해 관리가 이루어진다면 정해진 기간 내 Improve Phase 기능인 'Taken Actions' 내용을 파악하면 되는데, 엑셀의 특성상 결과를 자세히 적기엔 셀 공간이 너무 부족하거나 한눈에 보기에도 매우 불편하다. 따라서 각 사건들의 개선 결과를 문서로 작성해 '개체 삽입' 하는 방식이 효과적이며, 이것은 각 사건의 문제 해결 방법론이 '프로세스 개선 방법론'이든, '제품(또는 프로세스) 설계 방법론'이든 또는 '빠른 해결 방법론'이나 'Quick 방법론'이든지에 관계없이 기록이 가능한 장점이 있다. 또 각 사건의 문제가 개선돼 프로세스가 효율화된다면 개선 전과 비교해 'RPN'이 줄어드는 효과가 기대되므로 이를 반영할 'RPN 재평가'와 그 결과를 입력할 별도의 공간(양식 끝 열들인 SEV, OCC, DET)이 마련돼 있는 것도 관리에 매우 긍정적이다.

　다음 [그림 C-13]은 [표 C-5]의 FMEA를 통해 발굴된 과제 및 추정 비재무성과 결과를 이용해 개선이 추진된 사례의 수행 관리를 나타낸 예이다.

[그림 C-13] '비재무 과제'에 대한 수행 관리 예

#	Process Function (Step)	Potential Failure Modes (process defects)	Potential Failure Effects (Y's)	S E V	C l a s s	Potential Causes of Failure (X's)	O C C	Current Process Controls	D E T	R P N	Recommend Actions	추정 비재무 성과(만)	Responsible Person & Target Date	Taken Actions	S E V	O C C	D E T	R P N
1	자료분석	관리부서 일반관리비 추정 부정	추정 손익 변동	9		수집정보 활용 미숙	2	수집자료 Check Sheet	3	54	-	194	홍길도,6/E	매뉴얼 점검 와료	9	2	3	54
2	자료분석	관리부서 일반관리비 추정 부정	추정 손익 변동	9		주먹구구식 추정	9	표준방법 없음	7	567	일반관리비 추정방법 표준화	20,880.00	김말순,5/25		9	3	4	#
3	자료분석	관리 부서 일반관리비 추정 부정확	회기기간 중 보정작업 과다발생	3		수집정보 활용 미숙	3	수집자료 Check	3	63	-	98.4	이호두,3/16	매뉴얼 점검 와료	7	3	2	42
4	자료분석	관리부서 일반관리비 추정 부정확	회기기간 중 보정작업 과다발생	7		주먹구구식 추정	3	표준방법 없음	7	147	No 2에 통합	5.2	반기자,6/E	-	7	4	3	84
5	...	...	...	...		...		...		...	...	...	...	...				
6	자료분석	각 사업부별 전망 수주의 차이	원료수급에 악영향	8		전망 추정방법 이 제 각각으로	4	표준방법 없음	9	288	전망방법 가이드라인 마련	6,928.00	박호연,4/25		8	4	2	64
7	자료분석	각 사업부별 전망 수주의 차이	원료수급에 악영향	8		급하게 작성됨	7	현 주어진 작성기간 1주	6	336	적정시간 협의 후 결정	6.5	송승연,4/12	보고서 20째-3	8	4	3	96
8	...	...	...	...		...		...		...	...	...	...	...				

　[그림 C-13]은 발굴된 비재무 과제들에 대해 담당자(리더)와 완료일을 정

한 뒤 개선 내용을 'Taken Actions'에 입력한 예이다. 과제로 수행할 필요가 없는 경우는 'Taken Actions' 란에 간단히 기술한 대신, '문제 해결 방법론'으로 추진된 경우는 파워포인트 파일을 그대로 '개체 삽입'해 놓았음을 알 수 있다. 또 RPN 재평가를 통해 개선 전에 비해 현격히 위험이 낮아졌음도 확인할 수 있다. 그러나 무엇보다 중요한 것은 '추정 비재무성과'의 정도를 함께 표기하는 것인데 '개선 전'과 '개선 후'의 비재무성과 추이를 확인하기 위해 '개선 후 추정 비재무성과' 열을 추가한다. 그 결과는 다음 [그림 C-14]와 같다.

[그림 C-14] '비재무성과'의 '개선 전'과 '개선 후'의 비교

[그림 C-14]에서 개선 후의 '추정 비재무성과' 열을 추가함으로써 개선 규모가 어느 정도였는지 쉽게 확인할 수 있다. 개선 효과를 금액으로 표현할 때의 큰 장점이라 할 수 있다.

앞서도 설명했듯이 과제 수행 기간 동안 새로운 문제의 발견이나 목표 달성에 장애가 되는 요소들을 발견하게 되면 'P-FMEA'를 바로 갱신함으로써 프로세스 내 비효율적이고 불합리한 환경을 공론화하고 지속적인 개선의 기회

로 삼는다. 또 '효과 평가 전문가'는 이 과정 속에서 매우 중추적인 역할을 수행해야 하는데, 바로 「P-FMEA 접근법」으로 출발해 '비재무 과제'가 발굴되었더라도 과제 수행 기간 동안 FMEA 내 각 사건들을 깊이 있게 검토해 재무 과제로 전환시킬 수는 없는지와 또는 일부라도 재무성과를 이끌어낼 수 없는지 연구하고 가이드하는 데 **집중**하는 일이다.

[그림 C-15] '비재무 과제'에 대한 과제 수행 기간 동안의 '효과 평가 전문가' 역할

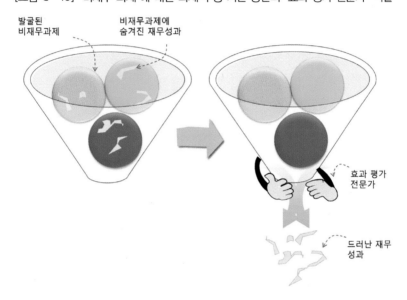

[그림 C-15]의 왼쪽 그림은 「P-FMEA 접근법」으로 발굴된 비재무 과제에 눈에 잘 보이지 않는 '재무성과'가 숨어 있음을 나타내며, 오른쪽 그림은 이를 과제 수행 기간 동안 '효과 평가 전문가'의 능동적인 역할로 '재무성과'화함으로써 추가적인 개선 기회로 삼을 수 있음을 보여주고 있다. 따라서 과제 수행 기간 동안 '효과 평가 전문가'의 능동적인 역할을 평가하기 위한 지

표로 '효과 평가 전문가 역동성 지표'를 다음과 같이 정의하고 현업에서 실제
'효과 평가 전문가'의 업적 평가에 반영토록 한다.

$$효과 평가 전문가 역동성 지표 = \frac{발굴된 재무성과}{부문 재무성과 + 발굴된 재무성과} \times 100 \qquad (C.2)$$

과제 수행 중 이와 같은 반복적이고 지속적인 활동으로 프로세스가 조금씩
효율화돼 갈 때 비로소 재무 과제의 효과 역시 크게 증대될 수 있다. 덧붙여
[그림 C-1]의 '능동적 과제 수행 개요도'처럼 단지 과제 발굴 단계에서의 미
리 정해놓은 성과를 과제 수행에서 이루려는 접근이 아닌, 수행 과정 중에 추
가로 재무성과를 낼 수 있다는 논리가 성립한다. 이런 접근이 바로 '능동적
과제 수행'의 요지라 할 수 있다.

지금까지 설명된 모든 내용 중 핵심만을 모아서 이어지는 '맺음말'에 요약
해놓았다. 독자는 글 읽기를 마무리하기 전에 바로 이어지는 '맺음말'을 보고
최종 정리하는 기회를 갖길 바란다.

맺음말

지금까지 기업에서 과제를 선정하는 기존의 방법과 새로운 방법에 대해 자세히 소개하였다. 과제를 발굴하는 데 있어 기본적 접근은 문제를 정확히 정의하는 데 있으나 이렇게 명확한 사항임에도 왜 기업에선 기존 통용되는 과제 선정 방법론을 두고 늘 더 좋은 새로운 방법이 없는지 찾고 있는 것일까? 마치 도깨비 방망이처럼 "과제 나와라 뚝딱!" 하고 소리치면 해결해야 할 다양한 과제들이 쏟아져 나오기를 기대하는 것은 아닐까? 사실 도깨비 방망이처럼 과제가 저절로 나오는 일도, 또 어떤 독특한 방법론 하나로 좋은 과제들이 발굴되는 경우는 별로 없다. 경험적으론 최적의 방법론보다 정말 회사나 부서에 문제가 무엇인지 발굴해내려는 부서장과 팀원들의 진정성 있는 노력이 'Vital Few X'임을 부인할 수 없다. 그렇다면 '진정성'만 있으면 원하는 수준의 과제가 발굴된다고 결론지을 수 있을까? 결국 팀원 개개인의 진정성을 묶어 한 방향으로 나아가게 할 무엇인가가 필요한데 이 역할을 하는 것이 '과제 선정 방법론'이며, 이때 '효율'이 얼마나 높은지에 그 유용성이 결정될 듯싶다.

'효율'은 '들어간 것 대비 나온 것'의 비율이니 적은 노력과 자원으로 회사에서 필요로 하는 중요한 해결 사항들을 찾아낸다면 과제 선정 방법론에 있어 그 역할을 충분히 해냈다고 볼 수 있다. 이런 입장에서 그동안 다양한 방법론이 필요했던 이유는 한정된 자원으로 원하는 만큼의 정보를 충분히 얻어내는 데 실패했음을 방증한다. 과제 선정을 위해 본문에서 제시된 새로운 방법의 특징을 몇 가지로 요약하면 다음과 같다.

첫째, 기업이 원하는 바는 수익과 성장이다. 물론 사회적 책임이나 국가발전에 기여하는 부분도 중요하겠지만 생존하지 못하면 사회적 책임도 애국도 존재할 리 만무하다. 그런데 "생존했다"라고 하거나 "수익이 났다"라고 할 때 우리가 판단하는 근거는 바로 해당 기업의 '재무제표'다. '재무제표'는 기업이 존재하는 확인서이자 기업 상태를 파악할 바로미터다. 이런 사실은 외부 사람들뿐만 아니라 기업을 운영하는 경영자 역시 잘 알고 있으므로 '재무제표'를 잘 가꾸고 유지하려는 데 많은 시간과 노력을 기울인다. 따라서 기업 내 대부분의 활동은 '재무제표'를 제대로 만들어가는 일에 집중할 필요가 있으며, 과제를 발굴할 때 역시 '재무제표'를 한가운데 두려는 이유이다.

둘째, 기존의 많은 과제 선정 방법론들이 기업의 전략과 연계된 목표 달성을 위해 해야 할 일 또는 목표 달성을 저해할 사내 문제들을 도출하는 데 주력했으며, 발굴된 주요 활동들의 성과 평가를 통해 기업의 목표가 최종 달성되는지 검증하였다. 그러나 활동 중심의 과제 발굴은 재무성과 여부와 규모를 확인하는 데 적지 않은 노력과 시간이 투입되었으며, 과연 과제 하나하나가 '손익 계산서'에 정확히 반영되는지 확인시키는 데는 실패하고 있다. 어차피 재무성과가 '손익 계산서'에 반영된다는 것에 이의가 없다면 기업의 목표 달성과 관련된 각 부서별 재무제표 지표들을 찾아내 그를 향상시킬 활동을 발굴하는 게 훨씬 더 경제적이고 효율적이지 않을까? 개별 과제들은 재무제표 지표와 연결돼 있으므로 본인의 과제가 회사의 목표에 얼마나 기여하는지 처음부터 알고 시작하게 되고 결과에 대한 보람과 인센티브에 충분히 수긍할 수 있다.

셋째, 문제가 있다. '재무제표' 속에 포함된 지표들이 모두 재무성과와 관련되므로 결국 프로세스 효율이 뒷받침되지 않으면 실현하기 어려운 측면이 있다. 많은 직원들이 한 방향으로 가기 위해서는 잡음이 최소화된 프로세스도 중요하며, 이것은 '재무제표'에 직접적으로 반영되기 어려운 지표들로 구성돼 있다. 이들을 고려치 않으면 삐거덕거리는 체계 속에 재무성과 역시 목표에 이르기는 애초 기대하기 어렵다. 따라서 기업의 전략과 연계된 목표 달성을 위해 프로세스의 어떤 부분을 효율화시킬 것인지 찾아낼 연구가 필요하고 또 그 성과를 평가할 지표도 요구된다. 이를 위해 과제 발굴의 새로운 방법으로 제안된 것이 「P-FMEA 접근법」이며, 그 성과를 평가하는 방법, 즉 '비재무성과'를 '금액'으로 환산하는 방법을 고안하였다. 새로운 접근을 통해 과제 발굴부터 성과 평가까지의 과정과 결과에 명확하고 객관적인 잣대를 부여했으며, 경영진부터 과제 수행 리더까지 공감할 수 있는 체계를 마련하였다.

넷째, 기존의 과제 수행은 애초 정해진 계획을 실천하는 과정으로서만 의의가 있거나 아니면 초기 목표 달성에 문제가 없는지 확인할 목적의 점검이 주를 이뤘다. 반면 본문에서의 제안은 추가 목표 달성을 위한 과정으로 활용하는 데 초점을 두었다. 이를 위해 재무성과 측면에선 '효과 평가 전문가'를 중간 점검(Audit)에 투입해 재무적 자문을 하게 함으로써 프로세스 전문가인 리더와 재무 전문가인 '효과 평가 전문가'의 협업을 통한 시너지를 극대화하도록 하였다. 리더는 과제를 수행하면서 프로세스에 대한 이해가 높아지므로 이 시점에 '효과 평가 전문가'의 재무성과에 대한 아이디어가 결부된다면 초기에 정한 목표 이상의 성과를 낼 수 있다는 게 핵심이다.

또 프로세스 효율은 'P-FMEA'의 양식에 사건들을 추가함으로써 새로운 활동이나 과제를 계속 발굴해나가고 이들의 '비재무성과'는 금액 단위로 환산해 성과 규모를 측정하도록 하였다. 과제 수행 중 산출된 재무성과와 비재무성과는 상호보완을 통해 전체 과제 수행 활동의 방향과 균형을 잡는 데 도움이 되며, 조직 상하와 팀원 간 커뮤니케이션을 활성화하는 데도 크게 기여하게 될 것이다. 현업에서 실질적 추진에 따른 다양한 노하우와 시행착오를 통한 체질화는 독자의 몫으로 남겨둔다.

색인

송인식

(현) PS-Lab 컨설팅 대표

한양대학교 물리학과 졸업
삼성 SDI 디스플레이연구소 선임연구원
한국 능률협회 컨설팅 6시그마 전문위원
네모 시그마 그룹 수석 컨설턴트
삼정 KPMG 전략컨설팅 그룹 상무

인터넷 강의: http://www.youtube.com/c/송인식PSLab
이메일: labper1@ps-lab.co.kr

※ 도서 내 데이터 및 템플릿은 PS-Lab(www.ps-lab.co.kr)에서 무료로 받아보실 수 있습니다.

Be the Solver

과제 선정법

초판인쇄 2018년 4월 27일
초판발행 2018년 4월 27일

지은이 송인식
펴낸이 채종준
펴낸곳 한국학술정보㈜
주소 경기도 파주시 회동길 230(문발동)
전화 031) 908-3181(대표)
팩스 031) 908-3189
홈페이지 http://ebook.kstudy.com
전자우편 출판사업부 publish@kstudy.com
등록 제일산-115호(2000. 6. 19)

ISBN 978-89-268-8402-7 94320